taff pac

CWMNI HON

joanna davies

taff pac

cyfweliadau • cyfrinachau

y Lolfa

Er cof am Anti Peggy

Diolch i Mam a Dad, yr actorion a gyfrannodd i'r llyfr ac i Erika Hossington am ei chymorth

Argraffiad cyntaf: 2000

℗ Hawlfraint Joanna Davies a'r Lolfa Cyf. 2000

Dylunio: Ceri Jones
Llun y clawr: BBC, Nick Cunard a Paul Stuart
Lluniau: Nick Cunard, HTV, IAC Films, Gautier de Blonde, Paul Stuart, Western Mail & Echo, S4C, Roxane Vacca, Cathrine Ashmore, BBC, Jeff Morgan, Adrian Rogers.

Rhif Llyfr Rhyngwladol: 086243 532 3

Argraffwyd a chyhoeddwyd yng Nghymru gan
Y Lolfa Cyf., Talybont, Ceredigion SY24 5AP
e-bost ylolfa@ylolfa.com
y we www.ylolfa.com
ffôn (01970) 832 304
ffacs 832 782
isdn 832 813

taffpac ● ● ● ●

Cynnwys

cyflwyniad

OS YDW I'N DIGWYDD SÔN wrth bobl fy mod i wedi ysgrifennu llyfr am y criw presennol o actorion Cymraeg, maen nhw'n edrych yn syn arna i. Beth oedd fy nghymhelliad? Ai er mwyn cael brolio fy mod i wedi hob-nobio gyda selebs a chael gwisgo fy sgidiau Gucci mewn *premiere* swanc neu ddau? Yntau ai er mwyn gwneud cysylltiadau defnyddiol yn y cyfryngau, neu gael cyfle i gwrso ar ôl hyncs fel Ioan Gruffudd a Matthew Rhys?

Sdim un o'r rhesymau hynny'n gywir – er rhaid dweud nad oedd y gwaith ymchwil yn rhy boenus! Rydw i wastad wedi edmygu actorion a'u proffesiwn. Ers fy arddegau rydw i wedi darllen bywgraffiadau a chofiannau sêr y llwyfan a'r sgrîn fawr. Mae rhyw *mystique* yn perthyn i'r wynebau sy'n edrych i lawr o'r sgrîn fawr – er bod rhywun yn uniaethu â'u teimladau mwyaf personol, maent ar yr un pryd mor bell i ffwrdd a lledrithiol. Rydw i wedi bod eisiau gwybod erioed beth sy'n eu gyrru i greu cymeriadau ffantasïol a chwarae gêm ar y sgrîn gan geisio'u gorau i'n hargyhoeddi ni am ddwy awr bod yr hyn yr ydym yn ei wylio yn wir.

Astudiais Ffilm a Theledu ym Mhrifysgol Aberystwyth ar gyfer gradd M.Phil. ond wnes i ddim astudio hanes actorion Cymru o gwbl. Doedd hynny ddim yn fwriadol, ond ar y pryd roedd gen i fwy o ddiddordeb mewn actorion Americanaidd a Saesneg, heb werthfawrogi cyfoeth cynhenid fy ngwlad.

Os edrychwn ar linach ein hactorion Cymraeg byd-enwog yn ystod y ganrif ddiwethaf, mae yna draddodiad iach a eginodd gyda Ivor Novello yn y 1920au. Ond dyw'r cynhaeaf o actorion Cymreig sy'n gwneud eu marc ar lwyfan rhyngwladol heb fod mor ffrwythlon ag ydyw ar hyn o bryd ers y 1950au. Bryd hynny roedd Stanley Baker, y brodyr Huston, Glynis a Mervyn Johns, Richard Burton, Hugh Griffith, Meredith Edwards a Rachel Roberts oll yn Gymry ac yn actorion byd-enwog. Mae criw heddiw, y rhai y sonnir amdanynt yn y llyfr hwn, yr un mor niferus.

Beth yw achos y dadeni yma tybed? Does dim ateb pendant, ond yn sicr mae'r awyrgylch yn fwy ffafriol ar hyn o bryd. Diolch yn rhannol i lwyddiant grwpiau pop a roc Cymraeg yn rhyngwladol, y mae'r byd – a'r cyfryngau yn benodol – yn fwy parod i dderbyn Cymry.

Ond dydw i ddim eisiau gwastraffu geiriau yn dadansoddi ffenomenon *Cŵl Cymru*. I mi, nonsens llwyr a chreadigaeth y cyfryngau ydyw. Mae'r holl actorion a drafodir yn y llyfr hwn yn ddiddorol fel unigolion ac nid am eu bod yn Gymry. Arf i glymu'r cyfweliadau at ei gilydd yw yr hyn sy'n gyffredin rhyngddynt, sef eu Cymreictod a'u gyrfa! O ddrygioni ysgafn Andrew Howard i gwrteisi traddodiadol a diymhongar Jonathan Pryce, gobeithiaf y bydd y gyfrol hon yn codi'r llen ychydig ar fywyd y creadur unigryw hwnnw sy'n cuddio y tu ôl i fwgwd lledrithiol byd ffantasi – yr actor.

joanna davies, tachwedd 2000

"Rhys is the embodiment of *contemporary Welsh appeal*. Starring in 'The Graduate', this piece of *Gwmmmmm* (Somehow studharabhrns somehow does quite the right ring to it yet) has had Kathleen Turner stripping off for him on a nightly basis." **Nick Foulkes,** *This is London*

Matthew Rhys ac Andrew Howard yn *Shooters*

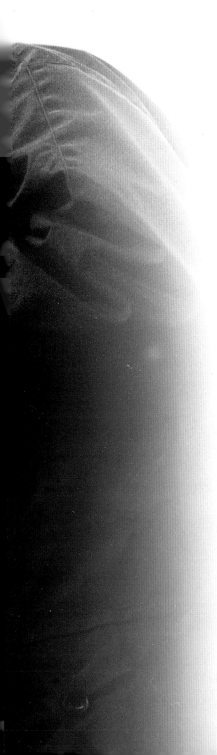

matthewrhys

MAE MATTHEW RHYS wedi cael ei ddisgrifio fel y Richard Burton newydd; yn olygus ac yn llawn carisma, mae ganddo hefyd yr elfen dywyll honno sy'n ran apelgar o'r bersonoliaeth Geltaidd ac sy'n perthyn i gymaint o'r rhannau y mae wedi eu portreadu ar lwyfan ac ar sgrîn.

Yn ddwy ar bymtheg mlwydd oed enillodd ysgoloriaeth Patricia Rothermere i RADA, gan ymddangos yn *House of America* gyda Siân Phillips cyn cwblhau ei gwrs. Mae'n dod o gefndir teuluol tebyg iawn i Ioan Gruffudd, daw o Gaerdydd ac mae ei rieni yn athrawon. Nid yw hi'n syndod felly bod Matthew yn ffrindiau gorau gyda Ioan Gruffudd ers iddynt fod yn yr ysgol gynradd, a bod y ddau wedi bod yn *flatmates* ers eu dyddiau yn RADA – mae hon yn ongl mae'r wasg yn amlwg yn ei godro'n barhaol fel y mae'r dyfyniad yma o gylchgrawn *Elle* yn ei bwysleisio:

"In some ways they were destined to wind up soulmates – both had teachers for parents, both families spoke Welsh as a first language, they went to the same chapel on Sundays..."

Mae Matthew wedi mwynhau amrywiaeth o rannau, o'r cymeriadau hoyw yn *Cardiff East* a *Bydd Yn Wrol* (a enillodd wobr BAFTA Cymru iddo), a Boyo yn *House of America*, diawl o Sheffield yn *Metropolis* (cyfres deledu i ITV), bachgen ysgol yn *The Testimony of Taliesin Jones*, Demetrius yn yr epig *Titus*, a rhan mwyaf *peachy* y theatr – rhan Benjamin Braddock yn *The Graduate* gyda Kathleen Turner yn portreadu Mrs Robinson.

Mae Matthew yn fwy o *slow burner* na Ioan Gruffudd, ac yn un o'r actorion rheini sy'n gyfuniad o eicon ffilm ac actor cymeriad, yn nhraddodiad Steve McQueen a Paul Newman. Mae yna rhyw dristwch a dyfnder sy'n perthyn i'w actio sydd yn denu'ch llygad.

Yn y cnawd mae'n gymeriad gyda hiwmor sych, mae ei draed ar y ddaear ac mae'n meddu ar bersonoliaeth gynnes, agos atoch. Mae'r math o berson yr hoffech ymddiried eich cyfrinachau tywyllaf iddo yn syth. Ond dyma un o brif sgiliau actor gwerth ei halen, meithrin perthynas agos yn gyflym gyda'i gyd-actorion, perthynas sydd yn gorfod argyhoeddi'r gynulleidfa.

House of America

Cyfweliad

Pryd oeddet ti'n gwybod dy fod ti eisiau actio?
Roeddwn i'n perthyn i Theatr Genedlaethol Cymru yn 16 oed, ac yna fe wnes i ddwy sioe ysgol. Y bwriad oedd mynd i'r brifysgol pan o'n i'n 18. Ac wedyn dries i am un neu ddau o golegau drama yn cynnwys RADA, a ges i le.

Pan oeddet ti yn perfformio yn *The Graduate* gyda Kathleen Turner yn y Theatr Genedlaethol yn Llundain roedd yn rhaid i ti gymryd rhan mewn golygfeydd caru reit graffig. Oedd hynny yn dy boeni di?
Mae e'n dal i godi arswyd arna i.

Ydi golygfeydd fel hyn yn waeth i'w gwneud ar y llwyfan nag ar sgrîn?
Mae'n waeth ar lwyfan. Wrth wneud ffilm mae nhw'n cau'r set i ffwrdd ac yn bod yn *discreet* a does neb yn dweud dim. Tra yn y theatr mae'n wahanol. Er enghraifft, pan wnes i *Cardiff East* gyda Daniel Evans – roedden ni'n chwarae dau ddyn hoyw. Pan ddaeth hi'n amser i ni dynnu ein dillad, ro'n i'n clywed pobl yn tytian ac yn chwerthin.

"Mae actorion yn actio am eu bod nhw'n unig" – dyna beth ddywedodd Anthony Hopkins mewn cyfweliad. Wyt ti'n cytuno?
Ydw, dwi'n cytuno i raddau. Mae'n rhwydd lladd ar y job – mae e'n beth rhyfedd i wneud, ac i fod yn actor mae'n rhaid i chi fod yn rhyfedd! Mae elfennau o'r busnes yn eich gwneud chi'n unig – y'ch chi'n gorfod teithio, cwrdd â phobl newydd, ac mae'n unig. Dwi'n siŵr fod Anthony Hopkins yn siarad am rywbeth lot dyfnach – mae elfennau lle y'ch chi'n brwydro i wella'ch hunan ac i wella'r rhan. Mae hwnnw'n creu rhyw gylch tragwyddol sy'n creu unigrwydd.

Enghraifft o hyn fyddai'r sefyllfa oeddwn i ynddi yn *The Graduate*, yn gorfod meithrin perthynas glos iawn gyda Kathleen Turner a neidio i mewn i'r gwely gyda hi ar lwyfan yn gwbl noeth am ddeuddeg wythnos, ac wedyn dweud da bo'ch!

Mae cymdeithas eisiau eiconiaid i'w hedmygu, yn enwedig actorion – ydi hyn yn codi ofn arnat ti?
Dyw hyn ddim yn rhywbeth dwi wedi meddwl amdano fe gan nad yw e'n rywbeth dwi wedi ei wynebu eto.

Ond fe fydd e'n digwydd. Dwi'n enghraifft o *barasite* yn gwneud llyfr am yr actorion. Mae lot o *barasites* yn bwydo ar eich enwogrwydd chi.
Mae elfennau o'r proffesiwn wyt ti yn ei gasáu ond mae e'n ran o'r peth. Ac mae'n rhaid ei dderbyn e.

matthew rhys

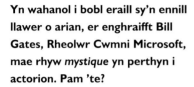
Yn wahanol i bobl eraill sy'n ennill llawer o arian, er enghraifft Bill Gates, Rheolwr Cwmni Microsoft, mae rhyw *mystique* yn perthyn i actorion. Pam 'te?

Dwi'n meddwl bod delwedd y *wild-boy* yn apelio at y cyhoedd. Pan o'n i'n blentyn, Burton, O'Toole a Richard Harris oedd actorion mawr y cyfnod. Ond heddiw mae cymaint o fois yn cystadlu am yr un rhannau allwch chi ddim fforddio bod allan yn meddwi y noson cyn i chi gael gwrandawiad am ran.

Oes cenfigen rhwng yr actorion Cymraeg sy'n actio?

Na. Galla i ddweud gyda llaw ar fy nghalon, does dim cenfigen rhyngddon ni o gwbl. Y'n ni i gyd yn wahanol. Pan ddechreuais i actio o'n i lan am yr un rhannau â Ioan. Ond dwi mor hapus bod bois Cymru yn gwneud yn dda.

Dyma yw'r tro cyntaf y gallai rhywun wneud llyfr am actorion o Gymru. Ydi'r *bigwigs* yn y diwydiant yn edrych yn wahanol arnat ti am dy fod yn Gymro?

Na, dyddiau yma mae'r byd mor fach. Edrycha ar Cate Blanchett sy'n dod o Awstralia yn chwarae rhan Elizabeth I. Dyw tras ddim yn broblem mwyach. Nawr mae'r cyfryngau yn dwli ar yr actorion Cymraeg – ond mae hyn yn gallu bod yn broblem – yn ffasiwn . Dwi'n casáu

The Testimony of Taliesin Jones

Cŵl Cymru. Dwy flynedd yn ôl roedden nhw'n dwli ar yr Albanwyr a'r Gwyddelod.

Ro'n i'n darllen hunangofiant Joan Collins yn ddiweddar. Ac roedd hi'n dweud bod pawb yn edrych i lawr eu trwynau ar ffilm pan oedd hi yn RADA gan ddweud mai theatr oedd y cyfrwng gorau i unrhyw actor difrifol. Wyt ti'n cael dy dynnu ddwy ffordd rhwng y ddau gyfrwng?

Mae pethau wedi newid tipyn yn RADA erbyn heddiw. Mae rhan enfawr o'r cwrs i wneud â theledu a ffilm – y dyddiau 'ma does dim un yn ennill dros y llall. Dwi fel babi mewn

siop deganau – ynghanol perfformio yn y theatr dwi eisiau gwneud ffilm, a gwneud rhywbeth gwahanol bob dydd yn hytrach na gwneud yr un peth. Ond pan dwi mas yn gwneud ffilm mae'r tywydd, a'r amser mae'n ei gymryd yn gwneud i fi ddyheu am y theatr. Mae cymaint i ddweud dros y ddau – does dim un yn ennill dros y llall. Ar ffilm rwyt ti'n gallu mynd yn ôl i ail-wneud rhywbeth wrth gwrs.

Ocê, beth am deledu yn erbyn ffilm. Rwyt ti wedi gwneud ffilmiau yn bennaf heblaw am y gyfres deledu *Metropolis*. Wyt ti wedi osgoi teledu yn fwriadol?
Na, ddim yn fwriadol, jyst fel yna mae'r rhannau wedi codi.

Beth ydi dy hoff ffilm?
The Princess Bride – gyda Cary Elwes a Robin Wright, *Heat* – Robert De Niro, *Apocalypse Now* a *A Streetcar Named Desire*. Mae'n anodd dewis un!

Pwy ydi dy hoff actor?
Cliché i'w ddweud – ond Robert De Niro.

Os byddai rhywun yn gwneud ffilm am dy fywyd di, pwy fyddet ti'n hoffi ei gael i dy bortreadu di?
Ioan Gruffudd – fe sy'n nabod fi orau.

Beth ydi dy hoff linell mewn ffilm?
"Say hello to my Little Friend" – Al Pacino yn *Scarface*.

Os gei di gyfle i fynd i Hollywood, a fyddet ti'n dod nôl?
Dwi wedi bod yn LA ddwywaith nawr. Mae e'n brofiad od. Os wyt ti'n mynd yna ti'n deall y byd wyt ti'n rhan ohono fe. Mae e mor gystadleuol. Rhywle'n ddwfn iawn yn dy feddwl wyt ti'n meddwl y byddai'n grêt mynd i wneud ffilm yn Hollywood ond pan wyt ti'n mynd yna, ti'n deall. Busnes yw e gydag *execs* yn dy gastio di. Ond fydden ni byth yn mynd i fyw yna am ddim yn y byd!

Ie, dwi'n cofio darllen dyddiaduron yr actores o Lanelli, Rachel Roberts, *No Bells on Sunday,* lle'r roedd hi'n disgrifio lle mor swrreal yw Los Angeles.
Ydi mae e. Ond dyddiau hyn does dim rhaid byw yna i wneud ffilmiau, er mae actorion fel Anthony Hopkins yn dwli ar LA. Does neb yn dy haslo di, mae'r lle mor fawr – rwyt ti'n gallu gwneud beth ti moyn pryd ti moyn. Ond mae e'n rhy fawr ac amhersonol i fi.

Beth hoffet ti weld yn digwydd yn y dyfodol?
Cymru'n ennill y goron drifflyg!

Na! Gyda dy yrfa. Hoffet ti gyfarwyddo fel mae actorion fel Clint Eastwood neu Robert Redford yn ei wneud?
Na, mae cyfarwyddo mor anodd. Os gallwn i gario mlaen fel dwi wedi bod yn ei wneud hyd yn hyn mi fyddwn i'n hapus.

matthew rhys

matthewrhys

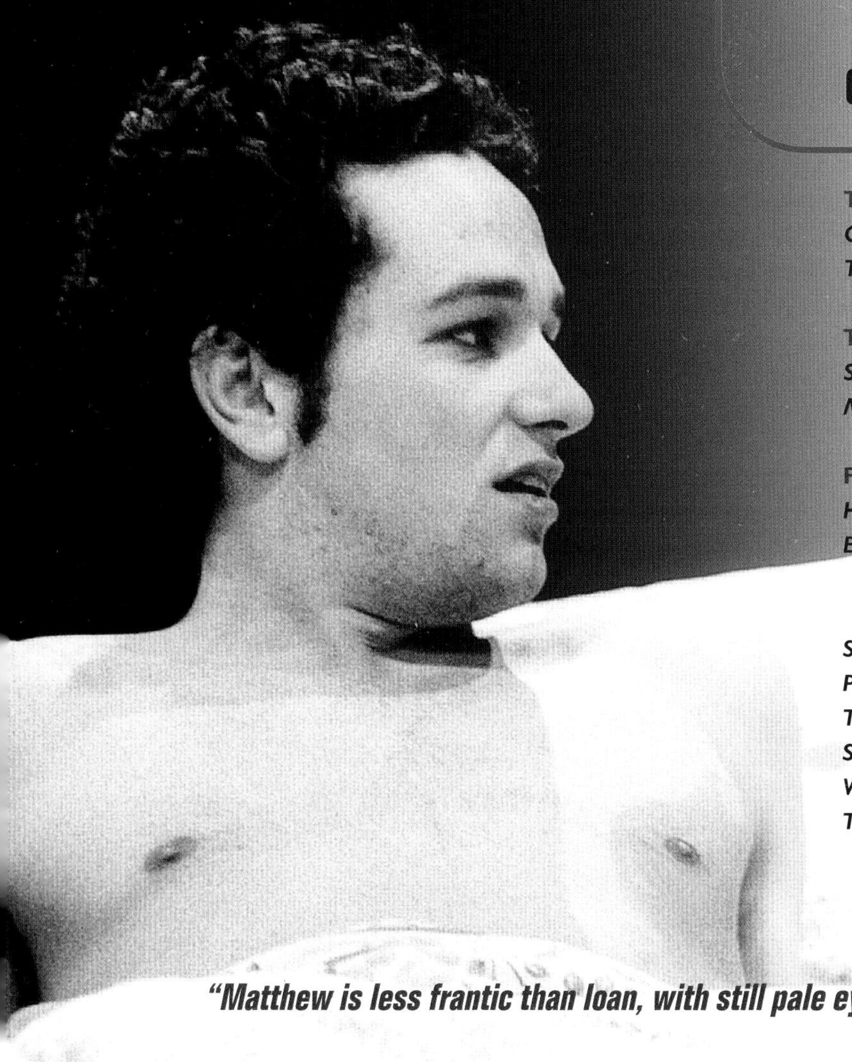

Gyrfa

THEATR
Cardiff East (1997)
The Graduate (2000)

TELEDU
Sblat S4C (1991)
Metropolis ITV (2000)

FFILM
House of America (1997)
Bydd yn Wrol (1998)
   BAFTA Cymru am yr Actor Gorau

Sorted (2000)
Peaches (2000)
The Testimony of Taliesin Jones (2000)
Shooters (2000)
Very Annie Mary (2000)
Titus Andronicus (2000)

"Matthew is less frantic than Ioan, with still pale eyes…" **Sarah Bailey,** *Elle*

Cardiff East

"The lanky Welshman who steals the show" **Garth Pierce**

RHYS IFANS YW UN O'R ACTORION PRYSURAF o'r criw dan sylw yn y llyfr hwn ar hyn o bryd. Mae wedi ymddangos yn rhestr *top ten hottest actors* yng nghylchgrawn *Empire* ac wedi rhannu'r sgrîn gyda sêr yn cynnwys Keanu Reeves, Julia Roberts a Meryl Streep. Nomineiddiwyd ef am nifer o wobrau am ei berfformiad yn *Notting Hill*, yn cynnwys BAFTA. Daeth yn enwog ar y sgrîn fawr yn sgîl ei berfformiad yn ffilm Kevin Allen, *Twin Town* yn 1997. Mae'n cael ei alw yn *scene stealer* gan aelodau o'r wasg oherwydd ei berfformiadau egniol.

rhysifans

Ganwyd Rhys yn Hwlffordd yn 1968 a threuliodd ei flynyddoedd cyntaf yn Hermon ger Crymych, cartref ei fam, cyn symud i Ruthun pan oedd yn ddwy oed. Cafodd ei brofiadau cyntaf fel actor yn Theatr Clwyd cyn mynd i astudio drama yn y Guildhall yn Llundain.

Daeth yn adnabyddus i gynulleidfaoedd drwy Gymru am ei berfformiadau yng nghyfres *Swigs* S4C, wrth i greadigaethau gwallgof fel Hywel Pop a'i ddannedd pwdr a'r Ddau Frank dyfu'n gwlt. Daeth ei ran gyntaf ar y sgrîn fawr yn *August*, ffilm a gyfarwyddwyd gan ei arwr, Anthony Hopkins. Wedyn fe ymgymerodd Rhys â rhannau mwy difrifol yn *Streetlife* (BBC) a *Judas and the Gimp* HTV. Roedd y rhannau hyn yn fodd iddo ddangos ei fod yn actor o sylwedd. Dilynwyd hyn gyda phrif ran yn *Trial and Retribution* ITV.

Ond *Twin Town* oedd y ffilm a wnaeth Rhys Ifans yn enwog. Ac fe gloriannodd ei berfformiad campus yn *Notting Hill* y cwbl. Disgrifiwyd ef fel *"the lanky Welshman who steals the show"* gan Garth Pierce, beirniad ffilm. Ac yn dilyn *Notting Hill*, ffilm fwyaf llwyddiannus byd y sinema yn 1999, mae Rhys wedi ymddangos mewn amryw o ffilmiau. Y ddiweddaraf oedd *Little Nicky* gydag Adam Sandler – a ofynnodd yn benodol am Rhys i bortreadu ei frawd yn y ffilm gomedi. Yn ôl y sôn cafodd Rhys filiwn o bunnoedd am actio yn y ffilm hon.

Yn eironig, gadawodd Rhys Gymru er mwyn cael y cyfle i chwarae rhannau mwy difrifol, ond hyd yn hyn comedïau yw ei ffilmiau mwyaf llwyddiannus; ac oni bai am *Rancid Aluminium* mae Rhys yn dal i gael rhannau sy'n cefnogi prif gymeriad. Dylai wylio rhag iddo gael ei labelu fel actor comig gan ei fod yn amlwg eisiau chwarae rhannau difrifol yn ogystal. Dwi'n teimlo yn bersonol ei bod hi'n fwy o gamp bod yn actor comedi da na bod yn actor difrifol. Fel y dywedodd yr anfarwol Groucho Marx, *"Comedy is a serious business."*

Dangosodd perfformiad Rhys yn *Rancid Aluminium* ei fod yn gallu cynnal ffilm fel prif gymeriad. Disgrifiwyd ef fel yr O'Toole newydd, ac mae'n fy atgoffa i o Michael Caine, yn enwedig yn *Rancid Aluminium*. Yn sicr mae gyrfa ddisglair o flaen Rhys, ond iddo wylio rhag cael ei labelu fel y clown.

Cariad tymor-hir Rhys yw Jessica Morris, cynrychiolydd cysylltiadau cyhoeddus i'r dylunydd, Vivienne Westwood. Fe wnaeth Rhys a Jess gyfarfod mewn lifft, a daethant i adnabod ei gilydd yn well pan wnaeth y lifft dorri lawr. Mae nhw'n cyd-fyw yn Belsize Park yn Llundain.

Cyfweliad

Pryd benderfynaist ti mai actor oeddet ti eisiau bod?
Dwi'n cofio eisiau bod yn ffermwr pan oeddwn i'n blentyn. Ond wedyn wnes i sylweddoli fod yn rhaid i chi godi'n gynnar os ydach chi'n ffermio, felly roedd actio'n well opsiwn o ystyried hynny. Dwi ddim yn cofio rhyw foment bendant pan wnes i benderfynu bod yn actor, datblygu wnaeth y peth yn araf bach.

Wnaeth dy deulu dy annog di?
Do. Wnes i ymuno â Chwmni Ieuenctid Theatr Clwyd pan oeddwn i'n dair ar ddeg. Roedd hyn yn golygu fod yn rhaid i mi fethu ychydig o ysgol. Roeddwn i'n cael y cyfle i ddangos fy hun ac i osgoi ysgol – y gorau o ddau fyd!

Wedyn es ti i Goleg y Guildhall yn Llundain – oedd hyn yn brofiad da?
Wel, oedd. Mi fethais i fy Lefel A, a hynny gyda steil! Doeddwn i erioed wedi bwriadu eu pasio nhw beth bynnag. Gymerais i flwyddyn allan a byw mewn bwthyn tu allan i'r Wyddgrug a chael amser i fwynhau fy rhyddid a chael partis. Mi weithiais i tu ôl i'r llwyfan yn Theatr Clwyd, a dwi'n cofio clywed aroglau arbennig ar yr actoresau. Ddaru fi ddim ystyried tan flynyddoedd yn ddiweddarach mai *gin* oeddwn i'n gallu ei ogleuo! Fe wnes i fwynhau gymaint yn y theatr mi wnes i benderfynu mynd i'r Guildhall. A dyna'r tro cyntaf i mi ddod ar draws pobl fy oedran i oedd yn siarad efo acenion *posh*. Es i yna gydag ambell i *chip* ar fy ysgwydd ond ddaru'r rheini ddisgyn i ffwrdd fel dwy *chandelier* ar ôl 'chydig fisoedd. Roedd cwrdd â gwahanol bobl yn werthfawr iawn i mi.

Beth ddigwyddodd wedyn?
Wel, nes i adael coleg tua tri mis cyn diwedd fy nhymor olaf a ges i waith theatr ger Chichester, yn perfformio mewn theatr oedd y dyn cyfoethog yma wedi ei adeiladu yn ei ardd. A dyna sut ges i fy ngherdyn Equity. Wedyn, nes i sioe sgetsus i HTV yn Gymraeg, *Hen Fideos fy Nain*. Roeddwn i yng Nghaerdydd am dipyn yn gweithio i S4C a HTV. Wedyn ddaru Karl Francis weld na dim clown ydw i a rhoi rhan da i fi yn *Judas and the Gimp*. Felly mae gen i lot o waith diolch iddo fo.

Oedd hi'n ryddhad dianc oddi wrth y tag 'comic'?
Oedd, er dwi ddim yn gweld comedi fel rhyw gelfyddyd israddol. Ond roedd eisiau rhywbeth i fodloni fy enaid. Wedyn, es i i Lundain a gwneud tipyn o Shakespeare yn theatr awyr-agored Regent's Park. Ac ar ôl hynny es i i actio yn theatrau y Royal Court a'r Royal Exchange ym Manceinion. Dyna lle oeddwn i'n gallu dangos beth oeddwn i wedi ei ddysgu yn y Coleg.

Beth yw apêl Shakespeare?
Rwyt ti'n perfformio ar bob lefel os lici di, ac yn cyrraedd y nodau uchel. Gall actor ond dysgu bod yn gynnil os ydi o wedi cyrraedd yr eithafion.

Sut wyt ti'n defnyddio hyn pan wyt ti'n perfformio darn newydd o waith?
Wel, roedd Shakespeare yn deall problemau oesol dyn – os oes genno ti hynny a geiriau prydferth, wedyn rwyt ti'n iawn.

rhysifans ●●●

Felly mae iaith a barddoniaeth yn bwysig i ti?

Ydyn yn sicr. Mae deall a theimlo iaith wastad wedi bod yn bwysig – cariad at yr iaith, a'r gallu i flasu iaith. Yn yr ysgol roedd Shakespeare yn cael ei ddarllen i ni ac roeddwn i'n ei gasáu. Ond pan es i i'r Guildhall o'n i'n ffodus iawn i gael athrawes wych, Patsy Rodenburg, a ddangosodd i fi mai rhywbeth i'w ddweud ac nid i'w ddarllen oedd Shakespeare. Gan geisio osgoi bod yn actor ponslyd – y tro cyntaf wnes i berfformio Shakespeare roeddwn i'n crynu. Doedd dim rhaid i mi siarad fel Prince Edward, roeddwn i'n gallu defnyddio fy llais fy hun. Achos fy mod i wedi tyfu i fyny yn ddwyieithog roeddwn i'n gallu gwerthfawrogi'r peth fwy.

Roedd y Franks yn gymeriadau a oedd yn creu iaith eu hunain…

Oedden. Doeddan ni ond wedi bwriadu eu gwneud nhw ar gyfer un sioe i HTV, ond fe wnaethon nhw ddal dychymyg y gynulleidfa ac wedyn roedd yn rhaid i ni ysgrifennu sgriptiau a oedd wedi eu gwreiddio yn y ddeuoliaeth ddwyieithog yma. Roeddan ni'n chwarae gyda geiriau Saesneg a oedd yn swnio'n Gymraeg.

Wyt ti dal i ysgrifennu?

Na, dwi ddim. Roeddwn i'n arfer sgwennu tipyn. Roedd llawer o bobl yn dweud wrtho fi am sgwennu er mwyn i mi aros yn y tŷ a pheidio bod yn wyllt! Faswn i'n hoffi sgwennu mwy – cael amser ydi'r broblem.

Rwyt ti wedi bod yn brysur iawn dros y flwyddyn ddiwethaf. Pryd dechreuodd dy *rollercoaster* o brysurdeb?

Wel, dwi'n teimlo mod i wedi bod ar *rollercoaster* ers i fi adael y groth! Ond ddechreuodd y cwbl pan wnes i *Twin Town*.

Sut ddigwyddodd *Twin Town*?

Roeddwn i'n ymddangos yn *Under Milk Wood* yn y Theatr Genedlaethol a daeth Kevin Allen, cyfarwyddwr *Twin Town* i'r perfformiad yn chwilio am *'taffs with talent'*. Fe wnaethon ni sawl gweithdy cyn cael ein rhannau. Un o'r digwyddiadau hapusaf yn fy mywyd i oedd pan ges i'r rhan.

Oeddet ti'n meddwl y byddai'r ffilm yn gymaint o lwyddiant?

Roedd y cyhoeddusrwydd ar gyfer y ffilm yn enfawr. Ond doeddwn i ddim wedi disgwyl gymaint o *backlash*. Dwi'n dal i ddweud mai *romp* doniol oedd y ffilm i fod. Ddylwn i fod wedi disgwyl y sylw gan y wasg yng Nghymru – be ydi ystyr y ffilm ac ati. Mi gafodd hi ei labelu fel y *Trainspotting* Cymraeg, ac roedd hi'n gamgymeriad ei marchnata hi felly. Roedd yr adwaith yn ne Cymru yn arbennig yn grêt – roedd pobol go iawn wrth eu boddau efo'r ffilm. Am y cyfryngis a'u hymateb nhw – wel, does gen i ddim llawer o ots nad oedden nhw'n gwerthfawrogi'r ffilm.

17

"Spike and William make a fantastic double act. On the test screenings, Rhys came out with pretty much the highest score." **Duncan Kenworthy, Cynhyrchydd** *Notting Hill*

Beth wnes ti ar ôl *Twin Town*?

Es i i wneud ffilm o'r enw *Heart* oedd wedi ei hysgrifennu gan Jimmy McGovern. Roedd o'n brofiad gwych cael gweithio efo Jimmy. Ond mae gwneud ffilmiau'n gallu bod yn rhwystredig achos dach chi eisiau gwella'ch perfformiad ar ôl ei weld ar y sgrîn. Wedyn es i i wneud ffilm o'r enw *Dancing at Lughnasa* a ffilmiwyd yn Nulyn efo cast o ferched talentog iawn yn cynnwys Meryl Streep a Kathy Burke. Dyna'r sgript mwyaf synhwyrol dwi wedi gweithio efo fo hyd yn hyn, a'r unig ffilm mae Mam wedi ei gweld a'i hoffi!

Oedd gweithio gyda sêr fel Meryl Streep yn codi ofn arnat ti?

Wel, roeddwn i'n adnabod y sêr eraill, Michael Gambon a Kathy Burke, ond roedd Meryl yn grêt. Roedd ei chyfarch hi yn swrreal iawn, *"Alright Meryl?"* achos mae'r enw Meryl yn swnio'n Gymraeg. Roedd ei Mam efo hi am rywfaint o'r ffilmio a doedd ganddi hi ddim syniad fod Meryl yn smygu, ac roeddwn i a Meryl yn smygu ar y slei y tu ôl i garafan.

A sôn am garafan – roedd gan bawb ond Meryl garafan yr un ar y set, tra bod gan Meryl *winnebago* fawr. Pan welodd hi'n carafannau ni aeth hi at y cynhyrchydd a dweud ei bod hi eisiau carafan hefyd gan mai ffilm *ensemble* oedd hon a doedd hi ddim eisiau bod yn wahanol i ni. Ddywedais i wrthi, *"Meryl, you can have my caravan, and I can have your bus."*

Wyt ti'n mwynhau y broses o ffilmio?

Ydw, wrth fy modd. Mae set ffilm yn ficrocosm o gymdeithas mewn ffordd. Dwi wrth fy modd efo'r ffocws sydd ar set, mae pawb yn gweithio tuag at y canlyniad terfynol. Rwyt ti'n canolbwyntio ar un peth am wyth wythnos ac wedyn rwyt ti'n gadael. Dwi'n hoffi symud ymlaen, bywyd y sipsi.

Ac wedyn fe wnest ti *Notting Hill*...

Do. Mi warion nhw hanner y gyllideb i dalu Julia Roberts! Roeddwn i'n portreadu *flatmate* Hugh Grant, ac o'n i'n treulio hanner y ffilm yn fy nhrôns. Doedd Mam ddim yn hapus!

Beth wyt ti'n meddwl am y ffaith bod y wasg wedi dy alw di'n *scene stealer* yn y ffilm honno?

Dwi ddim yn hoffi'r tag yna o gwbl gan ei fod o'n awgrymu mod i'n actor hunanol. Mae comedi Spike, y cymeriad o'n i'n ei bortreadu yn dibynnu ar adwaith yr actorion eraill, ac roeddwn i'n ffodus fod Julia a Hugh yn actorion hael iawn.

Sut wyt ti'n mynd ati i benderfynu a wyt ti eisiau gwneud ffilm ai peidio?

Os ydi'r sgript yn dda a'r stori'n gafael a bod yna rywbeth newydd i mi ei bortreadu dwi'n mynd amdani. Wel, fel actor dwyt ti byth yn disgwyl bod mor lwcus â chael sgriptiau'n cael eu hanfon atat ti. Dwi'n cael tua chwe sgript yr wythnos ac mae'n beth braf medru dewis fy ffilm nesaf, tra mai realiti bywyd actor fel arfer ydi cyfnodau hir o ddiweithdra.

rhys ifans

Felly fe fentraist ti fynd i Lundain – wyt ti'n berson dewr felly?

Better to be brave than bored!

Wyt ti'n cyfrif Llundain fel dy gartref nawr?

Ydw, ond mae o wedi cymryd dipyn o amser i mi weld eisiau'r lle pan dwi i ffwrdd. Ond dwi yn teimlo fel *real Londoner* erbyn hyn!

Mi fyddai wedi bod yn llai o risg i ti weithio yng Nghymru. Pryd benderfynaist ti adael Cymru?

Wel, fyddai dim rhaid i mi fod wedi mynd i goleg drama yn Llundain taswn i jyst eisiau gweithio yng Nghymru. Roeddwn i eisiau gweithio yn y theatr a datblygu fel actor, gwella ac addasu fy ngwaith.

Beth yw dy farn di am y label *Cŵl Cymru*?

Mae'n rwtsh llwyr. Mae yna lawer o actorion Cymraeg yn Llundain, a gan ein bod yn gweithio mae'n anodd cwrdd yn aml. Dwi ddim yn teimlo fel rhan o'r *Taff Pac* – dan ni yn Llundain a dyna fo. Dyna lle mae'r gwaith. O'n i'n siarad efo'r idiot yma ar ryw sioe siarad a ddwedodd o: *"So Wales is cool, yah?"* Os dwi'n portreadu Cymro mae 'na rhyw stŵr mawr. Pan ydan ni'n cydymffurfio i'r tag *Cŵl Cymru* dan ni'n troi i mewn i stereoteip arall, fel ddigwyddodd i ni yn y gorffennol pan ddaethon ni'n genedl o löwyr sy'n chwarae rygbi ac yn canu wrth wneud hynny. Mae'n diwylliant ni yn dipyn mwy cymhleth na bandiau, actorion a rygbi.

Rwyt ti wedi gwneud gymaint o ffilmiau yn ddiweddar, ydi'r theatr yn dal i apelio?

Ydi yn sicr. Roedd y ddrama ddiwetha wnes i gan Gymro o'r enw Simon Harris, sef *Badfinger,* ac roeddwn i'n actio efo Michael Sheen a Jason Hughes. Roedd angen MOT arna i. Mae theatr yn dy atgoffa di i fod yn ddewr. Dydi ffilm ddim yn gwneud unrhyw les i dy hunan hyder di – rwyt ti'n cael dy wynebu efo dy ddelwedd dy hun a does genno ti ddim rheolaeth dros y peth. Yn y theatr mi rwyt ti'n gallu newid a gwella dy berfformiad yn ddyddiol. Dyna pryd wyt ti'n dysgu mwy am dy hun yn greadigol. Roedd angen cic i fyny'n nhin i, ac mae theatr yn gwneud hynny i rywun.

Cafodd *Rancid Aluminium* feirniadaeth hallt gan y wasg, sut wyt ti'n teimlo am hyn?

Wel, dwi ddim yn poeni beth mae'r wasg yn ei ddweud. Maen nhw wedi beirniadu *Love, Honour and Obey* hefyd ond mae'r ffilm wedi gwneud yn dda a dyna beth sy'n bwysig yn y pen draw – bod y ffilm yn gwneud pres. Ges i hwyl yn ffilmio *Rancid Aluminium,* ddoish i nôl i Gymru i weithio a dwi wastad yn teimlo'n fwy rhydd pan dwi'n gweithio adra.

Pwy sydd wedi dylanwadu arnat ti fel actor?

Wel, mae fy rhieni yn athrawon ac maen nhw wrth eu boddau efo barddoniaeth a geiriau – mae gynno ni wal o eiriau adref, ac roedd fy Nhad wrth ei fodd yn adrodd detholiadau o farddoniaeth i Llŷr a minnau. Ac yn sicr roedd Theatr Clwyd yn ddylanwad mawr arna i.

Beth am dy hoff actorion?

Mae'r rhestr yn un hir. Yng Nghymru, Meredith Edwards yn sicr. Ond dach chi ond yn gallu gwerthfawrogi talent pan 'dach chi wedi gweithio efo pobl. Un actor wnaeth ddylanwadu'n fawr arna i oedd Tom Courtnay. Wnes i weithio efo fo mewn drama o'r enw *Poison Pen* yn y Royal Exchange ym Manceinion. Roeddwn i'n chwarae rhan Larry ei gariad – nid yn unig oeddwn i'n actio efo Tom Courtnay ond roeddwn i'n ei snogio fo hefyd!

Actorion dylanwadol eraill fyddai Richard Harris, Peter O'Toole – y bechgyn drwg. Mae'n anodd osgoi tag y bachgen drwg. Mae'r actorion yma yn ymweld â llefydd tywyllaf eu *psyche*, llefydd mae pawb arall ofn ymweld â nhw. Dwyt ti methu perfformio Shakespeare os nad wyt ti wedi bod yn feddw o leiaf unwaith!

Wyt ti'n ymweld â llefydd tywyll dy *psyche* di?

Mae gwaith yn rhoi'r cyfle i mi wneud hynny ac yn fy nghadw'n gall. Mae iselder ysbryd yn gallu bod yn gysur – yn rhywbeth cyson, ac mae'n rhaid i mi wylio'n hun.

Mae'r wasg yn ymhyfrydu yn dy ddelwedd di fel bachgen drwg – ydi hyn yn mynd ar dy nerfau di?

Oherwydd natur y cymeriad wnes i ei bortreadu yn *Twin Town* mae'r wasg wedi cydio yn y peth. Pe byddet ti'n gofyn i unrhyw un sy'n fy nabod i bydden nhw'n dweud fy mod i'n *hellraiser* ond dwi ddim yn gwffiwr. Dwi'n buddsoddi yn fy amser hamdden ac mae'n bwydo fy ngwaith i.

Oes 'na berygl o *schizophrenia* wrth i ti bortreadu un cymeriad ar ôl y llall?

Byddai'n well gen i bortreadu chwe chymeriad yn lle un. Mae'r lefel egni rwyt ti'n gweithio arno fo yn wahanol. Y mwya rwyt ti'n ei ddefnyddio fo – gorau ydi o.

Ydi'r perygl o gael dy labelu o fod yn Burton neu Hopkins nesa yn dy boeni di?

Petai rhywun yn fy ngalw i yr Hopkins nesa byddai'n rhaid i mi fynd i orwedd i lawr am sbel! Yn gyffredinol, dwi'n hoff o'r ffaith fod pobl yn dod ataf i ac yn fy niolch am fy mherfformiad. Petawn i'n blymar neu'n Idris y ffens faswn i'n disgwyl cael diolch am wneud gwaith da. Dwi'n gwirioni ar fy ngwaith.

Sut wyt ti'n gweld dy ddyfodol di fel actor? Oes gennyt ti ddiddordeb mewn cyfarwyddo o gwbl?

Faswn i'n hoffi cyfarwyddo yn y pen draw, ond dwi ddim wedi gwneud digon fel actor eto. Dwi eisiau cyfarwyddo rhywbeth dwi'n hun wedi ei sgwennu, ond y broblem ydi bod yn rhaid i mi sgwennu'r sgript gynta!

Wyt ti'n gweld dy hunan yn ymuno gyda'r sefydliad mewn amser a dod yn aelod o'r Orsedd efallai?

Dwi'n methu aros, dim ond os fyddai fy ffrog orsedd i'n binc. Na, tydi'r math yna o gydnabyddiaeth yn meddwl dim i mi – mi fyddai'n meddwl tipyn i fy rhieni. Ond byddai'n well gen i gerdded lawr y stryd yn fy nhrôns!

rhysifans

Gyrfa

FFILMIAU

August (1994)
The Sin Eater (1996)
Twin Town (1997)
The Deadness of Dad (1998)
Heart (1999)
Dancing at Lughnasa (1999)
Notting Hill (1999)
   Nomineiddiwyd am wobr BAFTA
You're Dead (1999)
Janice Beard 40 wpm. (2000)
Kevin and Perry Go Large (2000)
Love, Honour and Obey (2000)
The Replacements (2000)
Little Nicky (2000)

TELEDU

Hen Fideos fy Nain
Cyfres Swigs
Streetlife
Review
Night Shift
Judas and the Gimp
Trial and Retribution
Macbeth

THEATR
(perfformiadau yn Theatr Clwyd, Royal Court, Royal National, Royal Exchange a Donmar Warehouse)

Under Milk Wood
Hamlet
Brand
A Midsummer Night's Dream
As You Like It
Poison Pen
Smoke
Beautiful Thing
Volpone
Badfinger

"The actor is so luminous it's scary. He elicits real poetry from the ..." Ben Brantley, *New York Times*

michael sheen

michaelsheen

MAE MICHAEL SHEEN wedi mwynhau llwyddiant mawr ar Broadway yn Efrog Newydd gyda'i bortread o Mozart yn nrama Peter Shaffer, *Amadeus,* gyferbyn â David Suchet sy'n portreadu ei archelyn, Salieri. O Bort Talbot i Broadway, actor llwyfan ydi Michael yn anad dim. Fel Daniel Evans, mae ei galon yntau ym myd y theatr er ei fod wedi ymddangos mewn ffilmiau fel *Mary Reilly* gyferbyn â Julia Roberts, a *Wilde* gyda Stephen Fry a Ioan Gruffudd.

Ganwyd ef yn 1969, cafodd ei addysg uwchradd yn Ysgol Gyfun Port Talbot, ac fe ddechreuodd ei yrfa fel actor yn mynychu gweithdai Theatr Morgannwg cyn ennill lle yn RADA. Medda ar bersonoliaeth ddymunol a serchus, ac mae'n actor aeddfed iawn sydd yn hapus yn bod yn actor yn hytrach na seren. Kate Beckinsale, yr actores ifanc lwyddiannus a merch y diweddar Richard Beckinsale, (*Porridge, Rising Damp*), yw ei bartner a mam ei ferch fach, Lily. Gallai Michael fod yn *showbizzy* iawn ond dydi e ddim o gwbl. Nid yw sioe a sbloet cyfryngllyd yn apelio dim ato, er ei fod yn mwynhau derbyn clod gan y cyhoedd am safon ei waith. Plesio'r gynulleidfa yw'r peth pwysig iddo fel actor ac mae ganddo safbwyntiau cryf ynglŷn â rôl actor mewn cymdeithas.

Mae ansicrwydd am y dyfodol yn ran annatod o broffesiwn actor. Mae gan Michael ddiddordeb mawr mewn ysgrifennu ar gyfer y theatr a hoffai hefyd wneud mwy o waith ffilm. Mae cynyrchiadau theatr y mae wedi ymddangos ynddynt wedi mwynhau teithiau hir oherwydd eu llwyddiant, ac oherwydd hyn mae derbyn unrhyw waith ffilm a theledu wedi bod yn anodd hyd yma. Byddai'n beth da iddo gael newid ar ôl gwneud cymaint o waith theatr, ond mae un peth yn sicr, ni fydd actor fel Michael Sheen byth allan o waith.

Cyfweliad

Pryd benderfynaist ti mai actor oeddet ti eisiau bod?
Roeddwn i wastad wedi eisiau bod yn chwaraewr pêl-droed pan oeddwn i'n tyfu i fyny, ond wedyn fe ddechreuais i berfformio mewn sioeau ysgol a theatr lleol, a phan ges i le yn RADA, wel, wedyn benderfynais i ddilyn gyrfa fel actor. Roeddwn i wastad wedi hoffi actio a phan es i i gyfweliadau yn y prifysgolion dim ond un peth o'n i'n gallu ei wneud, a drama oedd hwnnw.

A oedd y ffaith fod Richard Burton ac Anthony Hopkins yn dod o ardal Port Talbot wedi cael dylanwad ar dy benderfyniad?
Wel, doedd yr uchelgais o fod yn actor ddim mor afrealistig â hynny o gofio eu hanes nhw.

A oedd hi'n anodd portreadu rhan a anfarwolwyd gan Tom Hulce yn ffilm wreiddiol *Amadeus* ar y llwyfan?
Doedd hi ddim yn broblem fawr. Fe wyliais i'r ffilm eto, ond mae'n rhaid i chi ddod i adnabod y cymeriad eich hun a'i wneud yn ran ohonoch chi. Rydyn ni i gyd yn wahanol ac mae'n ddiddorol gwylio rhywun arall yn chwarae'r un rhan. Gallwch chi weld pa mor bell y gallwch chi fynd – y cyfeiriadau sydd yn ddiddorol a'r rhai sy ddim yn gweithio. Mae'r ffilm *Amadeus* yn brofiad hollol wahanol, ac fe ailysgrifennwyd y sgript yn sylweddol er mwyn ei gwneud hi'n addas ar gyfer y sgrîn.

michael sheen

michaelsheen

**Rwyt ti wedi canolbwyntio ar theatr hyd yn hyn.
A oedd hyn yn fwriadol?**

Wel, roedd e'n raddol yn benderfyniad bwriadol – dwi'n
dwli ar berfformio yn y theatr. Mae hefyd yn haws cael
swydd yn y theatr nag ym myd y ffilm. Rydych yn gallu
datblygu mwy fel actor ac mae'n faes gwell i ddysgu hefyd.
Mae yna fwy o amser i ymarfer, a thrwy wneud yr un peth
bob nos rydych yn gallu datblygu'r rhan yn well. Mewn ffilm
gallwch chi fod yn fwy cynnil am ei bod yn dod i ben yn
gyflym. Ond os ydych yn gwneud yr un peth yn nosweithiol
wedyn rydych yn suddo'n ddyfnach a dyfnach i mewn iddo
fe, ac mae'r profiad yn fwy dwys.

Mae'r sail i actio yn y theatr ac ar ffilm yn wahanol, mae yna
amrywiaeth. Mae theatr yn dysgu'r rheolau sylfaenol i chi
fel actor a gallwch adeiladu ar rhain. Mae yna hefyd well
actorion, awduron, sgriptwyr a chymeriadau i'w portreadu
yn y theatr yn gyffredinol.

Mae'n anodd torri i mewn i fyd ffilm. Rhaid i chi gael enw
ac mae arian yn rhan annatod o'r diwydiant. Problem arall
ym Mhrydain yw'r ffaith fod y diwydiant ffilm yn fach felly
mae'n fwy ymarferol canolbwyntio ar y theatr. I fynd i
mewn i ffilm mae'n rhaid i chi neilltuo amser, a doeddwn i
ddim eisiau aros. Yn y pen draw does dim gwahaniaeth os
ydych chi'n gwneud theatr neu ffilm, dim ond bod y gwaith
yn dda.

"*With his wild eyes gaping as he scampers manically about the stage, Michael Sheen's Mozart is like a rabid racoon in sating breeches.*"

Charles Isherwood,
Daily Variety

Michael Sheen a David Suchet yn *Amadeus*

Roeddet ti ar y llwyfan yn portreadu Amadeus am 13 mis i gyd, oedd hi'n anodd cadw'r rhan yn ffres?

Dyw hi ddim yn anodd cadw ffresni. Mae'r gynulleidfa yn newydd bob tro – a felly mae'n rhaid cadw'r peth yn ffres iddyn nhw. Egni yw'r peth anoddaf i'w gadw, ond unwaith dwi ar lwyfan mae popeth yn newydd unwaith eto.

Wyt ti'n cael dy deipcastio am dy fod yn Gymro?

Na, dwi ddim wedi dioddef o gwbl oherwydd fy Nghymreictod. Yr unig bryd ydw i wedi porteadu cymeriad Cymraeg ydi pan ydw i wedi dewis gwneud hynny, er enghraifft, pan wnes i Peer Gynt a phan wnes i bortreadu Norman yn The Dresser – fe wnes i ddewis acen Gymraeg.

Oes yna gystadleuaeth rhyngoch chi fel actorion Cymraeg ifanc?

Wrth gwrs bod yna! Ond mae'n gystadleuaeth iachus. Y'n ni'n ceisio am yr un rhannau ac rydyn ni i gyd yn ffrindiau da iawn gyda'n gilydd ac yn falch dros ein gilydd. Ond pan mae'r rhan yn un atyniadol iawn, wel, mae'n beth naturiol i ddymuno mai chi fyddai'n cael y cyfle i bortreadu'r rhan hwnnw!

Dywedodd Syr Anthony Hopkins fod "actorion yn actio am eu bod yn unig". Wyt ti'n cytuno?

Dwi'n meddwl fod eich rheswm dros ddewis actio yn newid gydag amser. Mae'r mwyafrif o actorion yn dechrau actio am resymau eraill – i gael sylw, i gwrdd â merched, i fethu gwersi ysgol ac yn y blaen. Mae pobl eraill yn gallu'ch derbyn fel person, ac mae ffactorau fel hyn yn medru cael dylanwad cryf arnoch. Ond yn amlwg mae'n rhaid fod gennych yr awydd i actio, efallai er mwyn cael sylw a gwerthfawrogiad oddi wrth eraill. Ond os yr ydych yn parhau i actio dim ond er mwyn cael sylw a gwerthfawrogiad oddi wrth bobl eraill, gall hyn ddod yn broblem. Fe ddylech actio er eich mwyn eich hun.

Gallwch ddweud fod bywyd ei hun yn unig – yn y pen draw rydych ar eich pen eich hun. Pam mae rhywun yn gwneud unrhyw beth? Mae perfformio yn eich helpu i chwilio am ystyr y tu ôl i anrhefn bywyd er mwyn ceisio gwneud synnwyr o bopeth.

Ydi'r sylw oddi wrth y wasg yn gallu bod yn llethol, yn enwedig gan fod dy bartner, Kate Beckinsale, yn actores adnabyddus hefyd?

Na, rydym wedi bod yn lwcus. Dwi ddim yn cael problem gan fod fy ngwaith yn y theatr, mae'r gynulleidfa yn fach o gymharu gyda ffilm ac rydych yn llai o ffigwr cyhoeddus. Mae'n beth da os ydi rhywun yn edmygu'ch gwaith a dwi'n mwynhau hynny.

Beth ydi dy hoff ran fel actor?

Dwi'n hoffi gwahanol rannau am wahanol resymau. Mae un rhan yn arbennig a gyflawnodd bopeth y dylid ei gyflawni yn y theatr i mi, sef rhan Jimmy Porter yn Look Back in Anger. Roedd gan lawer o bobl deimladau cryf amdano fel cymeriad, ac aethpwyd â'r gynulleidfa ar rollercoaster gydag e. Fe wnaeth y gynulleidfa gerdded allan o'r ddrama gyda barn hollol wahanol am y cymeriad.

Roeddwn i wrth fy modd hefyd gyda rhan Norman yn *The Dresser*, yn bennaf am fy mod wedi ei bortreadu fel Cymro, felly roeddwn yn gallu tynnu ar bobl o fy nheulu a fy ngorffennol. Roedd hi'n grêt hefyd i gael cyfle i bortreadu rhan ddigri gan nad ydw i'n cael y cyfle i wneud comedi yn aml.

A wyt ti'n difaru dewis rhai o'r rhannau yr wyt ti wedi eu portreadu yn y gorffennol?

Na, achos dwi wedi dysgu rhywbeth o bob rhan dwi wedi ei wneud ac wedi datblygu fel actor yn ogystal.

Pwy ydi dy hoff gyfarwyddwr?

Mae pob cyfarwyddwr yn rhoi rhywbeth gwahanol i ti fel actor ac rwyt ti'n gadael y profiad wedi dysgu rhywbeth gwerthfawr. Y cyfarwyddwr mwyaf dylanwadol i mi oedd Declan Donovan pan wnes i ddrama gyda'r cwmni *Cheek by Jowl* o'r enw *Don't Fool With Love*. Roedd ei ddull ef o weithio yn greadigol iawn ac roeddwn i'n ymchwilio i olygfeydd mewn ffordd nad oeddwn wedi ei wneud yn y gorffennol. Fe wnaeth e roi techneg goncrit i mi i ddarganfod pethau amdanaf fy hun nad oeddwn yn ymwybodol ohonyn nhw cyn hynny.

Beth yw dy farn am ddefnyddio *method* wrth actio?

Rwyt ti'n medru datblygu sgiliau o fan hyn a fan draw. Gellid eu disgrifio fel actio *method* ond ni ddylai unrhyw dechneg fod mor gyfyng â hynny, fe ddylech ddefnyddio techneg fel *method* dim ond pan mae'n eich helpu i adrodd y stori'n fwy effeithiol.

Pwy hoffet ti gael i dy bortreadu di os fyddai rhywun yn gwneud ffilm am dy fywyd di?

Wel, y fersiwn benywaidd ohonof i fyddai'r actores Americanaidd, Sean Young. Fe ddylen i ddweud Al Pacino neu rywun ond os fyddai'n sgript dda, wel, fe fydden i'n chwarae'r rhan wrth gwrs!

Os fyddai Hollywood yn galw – fyddet ti'n mynd?

Dwi ddim yn meddwl fod pethau'n gweithio fel yna. Dyw Hollywood ddim jyst yn galw. Mae yna gymaint o stiwdios yno. Dwi ddim yn medru dychmygu fy hun yn gadael y theatr. Hoffwn i gael y cyfle i wneud popeth. Pe tasen i'n gwneud ffilm fawr – wel, ni fyddai hynny'n cael unrhyw ddylanwad arna i o ran fy nghynllun gwaith, fe fyddai'n rhoi llawer o arian a statws i mi a mwy o ddewis a rhyddid ond yn y pen draw ni fyddai'n newid fy uchelgais, sef creu gwaith da.

Ydi cyfarwyddo neu ysgrifennu yn apelio atat ti o gwbl?

Dwi wedi cyfarwyddo yn y gorffennol ond ar hyn o bryd dwi methu dychmygu bywyd heb *Amadeus*. Mae gen i ddiddordeb ymhob rhan o'r theatr a pherfformio, ac ar hyn o bryd dwi'n sgwennu rhywbeth ar gyfer y theatr.

A fyddi di'n aros yn yr UDA ar ôl *Amadeus*?

Wel, os gaf i waith ffilm ar ôl *Amadeus* byddai hynny'n grêt. Ond dwi'n cael fy nghyffroi gan y syniad nad ydw i'n gwybod beth fydd yn digwydd i mi nesa yn fy ngyrfa. Mi fydd hi'n gyfnod hollol newydd i mi a dwi'n edrych ymlaen yn fawr.

michael sheen

Gyrfa

Wilde (1996)
Othello (1995)
Mary Reilly (1994)

THEATR

Amadeus (Mozart) Los Angeles a
Broadway
Look Back in Anger Royal National
Nomineiddiwyd am wobr yr *Evening
Standard* am yr Actor Gorau 1999
Nomineiddiwyd am wobr *Olivier* yr
Actor Gorau 1999

Amadeus (Mozart) Ar daith
ac yn y West End
Nomineiddiwyd am wobr *Olivier* 1998
Nomineiddiwyd am wobr yr Actor
Gorau gan yr *Outer Circle Critics*

Henry V (Henry V) (1997) RSC
Nomineiddiwyd am wobr *Ian
Charleson*.

The Homecoming (1996/7)
Ends of the Earth (1995)
The Dresser (1995) –
The Seagull (1995)
Look Back in Anger (1994/5)
Charley's Aunt (1994)
Livre de Spencer (1994)
Peer Gynt (1994)
Ion (1993)
Moonlight (1993)
Don't Fool with Love (1993)
Romeo and Juliet (1992)
Nomineiddiwyd am wobr
yr Actor Gorau gan y
Manchester Evening News.
Neon Gravy (1991)
When She Danced (1991)

TELEDU

Maigret (1992)
Gallowglass (BBC)

RADIO

Wiglaf
White Merc with Fins
The Life of Christ
Strangers on a Train
Alaska
The Importance of Being Earnest
Sailing with Homer
The Left over heart
Much Ado about Nothing
In touch, the blind men
Composer of The Week –
Berlioz

"Daniel Evans's Peter is a Welsh enfant savage with an avidly radiant grin, a cunningly manipulative glint in his eye and an incipient sexiness not belied by the impulsive body language of an eight year old. You sense the tremendous soreness inside the crowing swagger..." Paul Taylor, *Independent*

daniel evans

danielevans

ACTOR YNG NGWIR YSTYR Y GAIR YW DANIEL EVANS, yn dilyn yn olion traed actorion theatrig o dras Cymreig megis Lewis Casson ac Ivor Novello. Dyw ei fryd e ddim ar fod yn seren, dim ond ei fod yn gallu treulio ei amser ar lwyfan yn perfformio, mae'n gwbl hapus.

Mae Daniel, i mi, yn cynrychioli rhywbeth gwahanol i'r actorion eraill sydd yn y llyfr hwn. Y mae wedi dilyn y trywydd traddodiadol Cymreig, eisteddfodol, gan gymryd rhan flaenllaw ar y llwyfan pan yn Ysgol Rhydfelen, mewn perfformiadau fel *Kitch* a *Godspell* cyn mynd ymlaen i ennill gwobrau *Llwyd o'r Bryn* a *Richard Burton* yn Eisteddfodau Cenedlaethol Aberystwyth a Chwm Rhymni yn ei arddegau. Roeddwn i hefyd yn llwyddiannus iawn yn y cylchoedd eisteddfodol, ond gwrthryfelais yn erbyn dilyn gyrfa ar lwyfan (colled enbyd yn sicr i RADA!) – felly roedd gen i ddiddordeb mawr mewn cwrdd â Daniel er mwyn gofyn iddo pam nad oedd ef wedi dioddef y *fallout* wnes i ei ddioddef yn ddeunaw oed pan gefais lond bol ar berfformio'n gyson ar lwyfan eisteddfod, ysgol a theatr. Yr ateb syml yw ei fod yn ymhyfrydu mewn perfformio, yn greadur y theatr ac yn methu dychmygu ei hun yn gwneud unrhyw beth arall ond perfformio fel actor.

Nomineiddiwyd ef eleni am wobr theatr *Olivier* (camp ryfeddol i un mor ifanc) am ei berfformiad yn *Candide*. Mae wedi chwarae rhannau llwyddiannus ar sgrîn yn ogystal, yn cynnwys *Bydd yn Wrol*, a rhan Herbert Pockett gyferbyn â Ioan Gruffudd yn *Great Expectations*, cyn hoelio'i sylw yn ôl drachefn ar y llwyfan.

Medda ar bersonoliaeth frwd, fyrlymus, llawn cyffro a doniolwch, fe allwch ymserchu'n syth at Daniel fel person. Fel actor, mae'n barod wedi gweithio i'r RSC, y Theatr Genedlaethol a Broadway, ond mae'n ddiymhongar iawn ac yn falch iawn o lwyddiant ffilm a theledu ei gyfoedion Cymraeg. Mae ganddo yrfa ddisglair o'i flaen, gyda'r theatr yn sicr yn llenwi ei fryd ar hyn o bryd.

Cyfweliad

Rwyt ti'n amlwg wrth dy fodd yn y theatr. Ai creadur y theatr wyt ti yn fwy na ffilm a theledu?

Yn rhannol dwi'n credu mod i wedi cymryd y cyfleoedd sydd wedi codi. Dwi wedi cael rhannau yn y byd ffilm a theledu ond dwi heb brofi rhyw deimlad angerddol wrth wneud y rhannau hynny. Ond yn y theatr dwi wedi cael cynnig gwell rhannau, mae'r straeon yn well ac mae'r bobl dwi'n gweithio gyda nhw yn wych. Hoffwn i wneud mwy o waith ffilm a theledu. Ond dwi'n siwtio'r theatr yn well – efallai oherwydd yr holl egni, ac mae'r broses o wneud ffilm a theledu yn wrthun iawn i mi.

Pam hynny?

Wel, mae'r cyfnod ymarfer mor fyr. Yn y theatr mi rwyt ti'n cael digon o amser i archwilio a ffeindio pethau mas. Gyda ffilm a theledu oni bai fod llawer o arian ynghlwm â'r cynhyrchiad, does dim lot o bŵer gen ti – y golygydd a'r cyfarwyddwr sy'n rheoli'r peth. Yn y theatr, efallai mod i'n *control-freak,* ond dwi'n gwybod pryd y galla i dynnu'r ffocws ataf fi fy hunan. Tra ar deledu – y cyfarwyddwr sy'n gwneud hynny.

Ydi natur ailadroddllyd y theatr yn broblem?

Un o'r problemau o wneud *run* hir yw cadw'r peth yn ffres – mae'n marw. Gyda ffilm a theledu does dim cyfle i wneud rhywbeth drosodd a throsodd – does dim un ffordd i'w wneud e'n well. I fi, mae gwneud perfformiad drosodd a throsodd yn braf – mae lot mwy o gyfle i wneud rhywbeth

fel dylai fe fod. Dwi wedi gwneud pethau am amser hir iawn – er enghraifft *A Midsummer's Night Dream* lle wnes i 600 o berfformiadau – wyth perfformiad yr wythnos. Pan aethon ni i Broadway newidiais i drosodd o chwarae Flute i chwarae Lysander. Ond erbyn y diwedd o'n i wedi cael digon. Dwi heb wneud *runs* hir yn y West End fel *Les Miserables.* Pe bai rhan anhygoel byddwn i yn ei wneud e, ond dwi'n gwybod y byddwn i'n ffeindio fe'n anodd.

Petai ti'n cael miliwn o bunnoedd i wneud ffilm yn Hollywood neu rhan dy freuddwydion yn y theatr, pa un fyddet ti'n dewis?

Miliwn, shmiliwn! Petai'n rhan bydden i'n marw eisiau ei wneud gyda chyfarwyddwr anhygoel hefyd, bydden i'n gwneud y rhan yn y theatr. Petai rhywbeth o'i le ar y rhan theatr, wel, wedyn, bydden i'n gwneud y ffilm.

Wyt ti'n cael dy ystyried fel actor o Gymro pan wyt ti'n trio am rannau?

Mae'n dibynnu. Am fy mod i wedi gwneud gwaith clasurol dyw'r ffaith 'mod i'n Gymro gydag acen Gymraeg heb fynd yn fy erbyn i. Mae pob cyfarwyddwr heblaw am un wedi bod eisiau i mi gadw'r acen, yn ei hoffi ac yn dweud ei bod yn ychwanegu llawer i'r rhan. Yn y theatr dyma beth oedd fy mhrofiad i. Rhan o'n gwaith ni yw ymddwyn fel pobl eraill. Ges i gyfweliad yn ddiweddar am rywbeth Seisnig iawn, a'r peth cyntaf ddywedodd y cyfarwyddwr oedd, *"You're Welsh."* ac wedyn, *"This part is English Public School."* a dywedais i *"Yes?"* Beth oedd ei broblem e?

Matthew Rhys (dde) a Daniel Evans yn *Cardiff East*

Mae'n trendi bod yn Gymraeg dyddiau hyn…

Mae pethau fel yna'n rwtsh. Mae'n braf fod *Catatonia*, y *Manics* a *Stereophonics* yn gwneud mor dda – ond mae pobl wastad eisiau rhoi label arnon ni a'n rhoi ni yn yr un cwch. Y'n ni wedi cael gymaint o *bad press* ac rydyn ni'n dal i gael hwnnw. Mae newyddiadurwyr fel A A Gill yn dweud pethau ofnadwy am y Cymry. Mae'n fy ngwneud i'n falch wedyn ein bod ni'n cael sylw positif yn y wasg. Mae'n rhaid i ni fod yn ddiolchgar am sylw sy ddim yn negyddol yn y pen draw.

A oes cystadleuaeth rhyngoch chi'r actorion o Gymru?

Rydyn ni i gyd yn eitha gwahanol o ran pryd a gwedd. Er enghraifft, dwi'n gwybod na fyddwn i'n gallu chwarae rhannau *dark, handsome, dashing* fel Ioan Gruffudd. Mae yna deipiau – dyw Matthew ddim fel Ioan chwaith, ac mae Rhys yn hollol wahanol eto. Mewn ffordd does 'na ddim cystadleuaeth – mae Ioan wedi gwneud tipyn o deledu, Matthew tipyn o ffilm a Rhys dim ond ffilm. Rydyn ni'n edrych ar ôl pob maes. Dwi wedi gweithio gyda Ioan a Matthew. Os oes teimlad o eiddigedd – eiddigedd yw e, ac nid cenfigen. O'n i'n siarad gyda Ioan am wneud *Titanic*. Pan oedd Ioan yn ffilmio *Titanic*, roeddwn i a Matthew yn gwneud *Cardiff East*, ac roed yn well gen i wneud hwnnw – er y byddai wedi bod yn ffantastig bod yn *Titanic*. Ond dim cenfigen yw e, edmygedd, ac mae yna falchder ein bod ni i gyd yn gwneud yn dda.

33

"Mae actorion yn actio am eu bod nhw'n unig" – dyna ddywedodd Anthony Hopkins mewn cyfweliad. Wyt ti'n cytuno?

Dwi newydd gwpla yn y Theatr Genedlaethol ar ôl gweithio gyda'r un bobl am flwyddyn – mae e'n peri loes i fi feddwl na fydda i'n actio gyda nhw rhagor. Ond wedi dweud hynny, yn ystod y cyfnod lle oeddwn i gyda'r bobl o'n i ddim yn teimlo'n unig.

Wyt ti'n meddwl mai dyna pam mae pobl yn mynd i actio – ffordd o anghofio?

Dwi'n dwli cwrdd â phobl eraill a dod yn glos a dod i'w hadnabod trwy ymarfer a chreu rhywbeth. Hyd yn oed os nad wyt ti'n cymdeithasu gydag actorion mae yna berthynas arbennig rhyngon ni. Dwi ddim yn gwybod oes rhywbeth yn eisiau arnon ni – wel, *you can bet your life* bod rhywbeth yn eisiau arnon ni! Ond dwi ddim yn meddwl bod e'n wir amdana i.

Pam actio? Ddechreuaist ti'n ifanc yn yr ysgol ac ati. Oeddet ti'n teimlo fod pwysau arnoch chi'n yr ysgol i wneud llawer o ddrama?

Os oedden ni'n dangos diddordeb roedd yna bwysau arnon ni i fod yn dda. Doedd hynna ddim yn beth gwael o'm rhan i – dysgodd e safonau i fi, i anelu'n uchel a gwerthfawrogi pethau da. O'n i wastad yn mwynhau mynd i weld dramâu yn y Parc and Dare gyda fy mam-gu, fel dramâu Frank Vickery. Ges i fy mwlio lot yn yr ysgol. O'n i'n hynod o swil – roedd e'n ddihangfa i fi, yn ffordd o faeddu'r bwlis. Efallai bod hynna'n ystrydeb, ond roedd pobl yn rhoi parch a sylw

i fi ac roedd hynna'n golygu lot i fi achos o'n i ddim yn cael lot o sylw ar yr iard.

O'n i jyst yn gallu codi dau fys arnyn nhw – roedd e'n rhywbeth o'n i'n gallu ei wneud. Gallu bod yn fi fy hun, ac mae'r teimlad yna'n dal i fod yna nawr.

Pwy ydi dy hoff actor?

Fy ffefryn i yw Judi Dench – mae hi'n wych. Mae hi jyst yn gallu gwneud popeth – theatr a ffilm – popeth mae'n ei wneud dwi'n ei chredu hi'n llwyr. Dwi wedi ei gweld hi gymaint yn y theatr, mae hi'n gallu agor ei hunan i fyny, ac mae ei hamseru hi'n wych.

Os byddai rhywun yn gwneud ffilm am dy fywyd di, pwy fyddet ti'n hoffi ei gael i dy bortreadu di?

Ian Hart – actor ifanc sy'n ffantastig. Mae e yn *Wonderland*, *Land and Freedom*, *The End of the Affair* ac roedd e yn *Backbeat*. Mae e'n eitha bach ac mae e'n moeli hefyd! Mae e'n newid ym mhopeth mae e wedi'i wneud. Dyw e ddim yn cael llawer o brif rannau ond mae e'n actor hyfryd.

Beth ydi dy hoff ddramâu?

King Lear ac *Othello* – y ddau yna dwi'n dwli arnyn nhw.

A dy hoff ffilm?

Farewell My Concubine, *A Room with a View* a *To Have and Have Not*.

Cardiff East

Hoff linell mewn ffilm?

"You know how to whistle don't you Steve? Just put your lips together and blow." Bacall wrth Bogart yn *To Have and Have Not*.

Ac yn *A Room with a View* Judi Dench yn dweud, *"I never venture forth without my Mackintosh Squares."* Mae jyst yn ffantastig.

Pe tase ti'n cael y cyfle i fynd i fyw yn Hollywood, fyddet ti'n mynd?

Dwi heb fod yn LA. Bydden i'n byw yn Efrog Newydd – mae e'n ffantastig. Bues i'n Broadway am ddau fis a hanner ac roedd e'n wych. Na, y peth yw ar y funud dwi newydd brynu fflat fan hyn – a nawr dwi ddim eisiau mynd i unman. Dwi'n dwli ar fyw yn Llundain nawr.

Odyw e'n helpu bod cymaint o Gymry yma?

Dwi ddim yn mynd i *Sws* a phethau fel yna, ond y'n ni fel actorion yn cymdeithasu gyda'n gilydd.

Beth wyt ti'n gweld dy hunan yn ei wneud nesaf? O'n i'n darllen dy fod ti eisiau gwneud rhywbeth gyda'r Mabinogi.

Yn sicr dwi eisiau gwneud rhywbeth gyda *Blodeuwedd* neu brosiect hir arbrofol ar y Mabinogi ar gyfer y theatr. Pa bynnag beth a ddaw!

danielevans

Gyrfa

"Mae ganddo'r dyfnder a'r perygl sydd yn gwneud i chi gredu'n syth yn ei berfformiad" Joanna Davies

ifanmeredith

MAE IFAN, YN WAHANOL I'R ACTORION eraill yn dod o linach o actorion adnabyddus. Ei dad-cu oedd y bythgofiadwy Meredith Edwards, ac mae ei dad, Ioan Meredith, hefyd yn actor adnabyddus. Nid yw hi'n sioc felly bod Ifan wedi penderfynu dilyn gyrfa fel actor, er, fel yr esbonia'n ei gyfweliad, nid oedd y llwybr yn un hawdd i'w throedio.

Ers graddio o Goleg Central School of Speech and Drama mae Ifan, sydd bellach yn 25 mlwydd oed, wedi mwynhau amrywiaeth o rannau, o'r clasurol, traddodiadol yn *Mill on the Floss* a *Great Expectations*, i'r llofrudd dienaid yn *Shadow Falls* a'r milwr arteithiedig yn *Warriors*; heb sôn am ei berfformiadau ym myd theatr a radio. Er y gwnes i fwynhau ei berfformiadau yn y lleill i gyd, fy ffefryn oedd ei berfformiad yn *Shadow Falls* (HTV) am ei fod yn un o'r actorion hynny sydd yn gallu portreadu *baddie* yn wych. Mae ganddo'r dyfnder a'r perygl sydd yn gwneud i chi gredu'n syth yn ei berfformiad. Ac er ei fod yn teimlo mai yn y theatr y mae ei le ar hyn o bryd, rwyf i'n anghytuno, yn fy marn i mae ei le ar y sgrîn.

Mae sawl mantais i hanu o deulu theatrig – rydych yn ymwybodol o'r problemau sy'n gallu codi yn y proffesiwn, fel yr ansicrwydd ariannol parhaol, ond hefyd ceir y cyfle i werthfawrogi'r amrywiaeth a'r cynnwrf a berthyn i'r gwaith.

Yn y cnawd medda ar bersonoliaeth hynaws, ddymunol a charismatig, ac er ei fod wedi ei fagu yn Llundain mae Ifan yn gweld ei hun fel Cymro. Mae'n ddynwaredwr gwych, yn rhan o'i *repertoire* mae Gary Oldman, Jack Nicholson, Robert De Niro a Michael Caine.

Fe wnaeth ei daid, Meredith Edwards, wrthod mynd i Hollywood – bydd hi'n ddiddorol gweld beth fydd ei ŵyr yn ei wneud os daw yr un cyfle iddo ef. Prif ddiddordeb Ifan yw creu gwaith o safon, ac efallai, oherwydd ei gefndir teuluol, nid oes ganddo'r ysfa i fod yn seren o fri – y peth pwysicaf iddo ef yw bod yn falch o'i waith.

Cyfweliad

Sut fath o waith wyt ti wedi bod yn ei wneud yn ddiweddar?

Wel, dwi newydd gael cynnig gwaith gyda Theatr Genedlaethol Manceinion i fod mewn cynhyrchiad o ddrama gan George Bernard Shaw. A dwi wedi bod yn gwneud tipyn o waith radio hefyd. Y peth diwethaf wnes i oedd *A View From the Bridge* gan Arthur Miller yn y Crucible yn Sheffield. Roedd yn rhaid i fi chwarae rhan Eidalwr ifanc ac roeddwn i'n gorfod canu a oedd yn ... ddiddorol! Ond tan y jobyn nesaf mae gen i ddeufis i'w lladd – felly dwi'n ôl yn segur.

Ydi hi'n anodd pan wyt ti'n ddi-waith?

Ydi, mae'n gallu dy wneud di'n isel iawn. Mae'n fwy blinedig bod allan o waith na bod mewn gwaith. Rwyt ti'n gorfod cadw'n bositif. Dwi wedi bod yn lwcus iawn ers gadael y coleg o ran llwyddo mewn cyfweliadau – a dim ond tair blynedd a hanner dwi wedi bod wrthi ers gadael y coleg.

Sut hyfforddiant ges di yn y coleg?

Wel, doedd e ddim yn arbennig o dda. Chawson ni braidd ddim hyfforddiant ar gyfer theatr a ffilm, yn lle hynny gawson ni'n bwydo i gyfarwyddwyr ifanc i ymarfer arnon ni. Ond fel yna mae hi yn y byd teledu bob dydd. Mae teledu mwy uchel-ael a ffilm yn rhoi mwy o amser i chi weithio gyda'r cyfarwyddwr. Yr holl bwynt o fynd i goleg drama oedd cael asiant da – ac mi ge's i hwnnw yn ICM.

Rwyt ti'n dod o deulu o actorion adnabyddus gyda Meredith Edwards yn dad-cu i ti a Ioan Meredith yn dad i ti. Ai o'u herwydd nhw benderfynaist ti fynd i actio?

Na, roedd taid a dad bob amser yn dweud fod actio yn rywbeth oedd nytyrs yn ei wneud! "Dwyt ti ddim eisiau 'i wneud e!" Roedd yr holl deulu'n sylweddoli fod yn rhaid i ti fod yn ynfytyn llwyr i fynd i actio. Ond dwyt ti methu rhedeg i ffwrdd oddi wrth dy wallgofrwydd dy hun! Fe wnaethon nhw geisio 'mherswadio i i anghofio am actio, a chael addysg dda a gradd yn lle hynny. Ac roeddwn i'n cytuno gyda nhw nes i mi droi'n bedair ar ddeg neu bymtheg oed pan wnaeth rhywun fy rhoi i mewn drama ysgol, fel y bachgen yn *Henry V*. O'n i'n meddwl bod yr athro wedi fy newis i am fod fy nhad yn actor. O'n i wastad eisiau bod yn beilot cyn hynny! Roedd y teimlad o adrenalin

o'n i'n cael wrth hedfan yn apelio'n fawr ata i. Ond pan oeddwn i'n bedair ar ddeg, ge's i'r rhan yma yn *Henry V*. Dywedodd y cyfarwyddwr wrtha fi am bortreadu'r rhan mewn ffordd a oedd yn brennaidd a robotaidd iawn. Yn ei feddwl e yr unig beth oedd yn bwysig oedd fod y gynulleidfa yn gallu fy nghlywed i.

Es i ar y llwyfan a phenderfynais i nad oeddwn i'n gallu dehongli'r rhan fel y dywedodd yr athro wrtho i am wneud. Felly, eisteddais i ar ffedog y llwyfan gan berfformio'r rhan yn fy ffordd fy hunan. Es i trwy'r geiriau yn iawn ond o'n i'n teimlo 'mod i wedi gwneud llanast llwyr o'r rhan. Ond wrth i mi adael y llwyfan daeth cymeradwyaeth o'r gynulleidfa a wnaeth fy syfrdanu i. Dwi ddim yn meddwl fy mod i'n ben mawr ar y pryd – penderfynol o'n i os rhywbeth. Pan glywais i'r gymeradwyaeth, ge's i deimlad rhyfedd yn symud o waelod fy asgwrn cefn. Ac yna fe benderfynais i mai dyma'r hyn yr hoffwn i ei wneud – byw am y wefr honno. Yn raddol fe wnes i fwy a mwy o ddrama, ac ar ôl gwneud fy Lefel A es i i goleg drama a chanolbwyntio ar fath arall o hedfan.

Ydi hi'n fantais neu'n anfantais cael teulu sy'n y busnes?

Mae yna bwysau arna i i gyflawni rhywbeth – i fod yn deilwng o'r rhan rwyf yn ei chwarae a'r bobl sydd wedi gwneud hynny o'm mlaen i. Ond dwi ddim eisiau dilyn ôl traed neb arall. Dwi'n meddwl ei fod e'n fantais cael teulu sy'n y busnes am ei fod yn gwneud i mi edrych ar y peth yn fwy gwrthrychol. Mae gen i ddealltwriaeth o ba mor anwadal yw'r busnes a'r poen sy'n gysylltiedig ag ef. Dwi wedi gweld gwahanol lefelau o lwyddiant wrth wylio fy nhad. Mae hynny wedi rhoi persbectif da i mi er mwyn i fi allu delio gyda'r peth. Dyw fy ffrindiau o'r coleg drama heb fod mor ffodus. Wrth wybod fod y bobl yma jyst yn bobl, dwi ddim wedi bod yn *star-struck* yn fy mywyd. Dwi'n deall mai busnes a diwydiant yw e yn y bôn.

Person ffilm ydw i a dwi ddim yn ffan mawr o'r theatr. Rwyt ti wedi gwneud tipyn o waith teledu – ydi'r theatr yn apelio gymaint atat ti?

Dwi'n gallu deall pam nad wyt ti'n or hoff o theatr, achos os ydi drama mewn theatr yn wael, mae e dipyn gwaeth na ffilm wael. Ond mae theatr ar ei gorau yn well na ffilm ar ei gorau. Yn y theatr mae'r gynulleidfa'n rhan o'r perfformiad am fod yr egni yn llifo oddi wrthynt i'r actorion ar y llwyfan i'r gynulleidfa. Pan mae e'n gweithio, mae'n gallu bod yn arbennig ac yn trechu ffilm bob amser. Er, dwi'n hoff iawn o ffilm. Mae'n well gen i actio ar lwyfan am fy mod i'n teimlo fod angen tipyn o waith ar fy nhechneg actio ar y sgrîn. Mae gen i dipyn i'w ddysgu.

Wel, fe wnes i fwynhau dy berfformiadau ar y sgrîn – yn arbennig *Warriors* a *Shadow Falls* – yr olaf am dy fod yn chwarae *baddie* go iawn.

Fe wnes i fwynhau *Shadow Falls*, roedd e'n gymeriad mor wahanol i fi. Yn y theatr rwyt ti'n gallu bod yn actor cymeriad, tra bod ffilm a theledu yn dueddol o eisiau dy labelu di fel 'actor ifanc Cymreig' ac yn y blaen.

Mill on the Floss

Wel, digwydd a bod dyna oedd fy nghwestiwn nesa i. Does gen ti ddim acen Gymraeg ond mae dy enw di yn awgrymu i unrhyw un dy fod o dras Gymreig. Wyt ti'n cael dy ystyried fel actor Cymreig yn benodol?
Dwi'n fy ystyried fy hun yn Gymro a dwi'n gallu gwneud acenion Cymraeg – dwi'n eitha niwtral o ran acen, a dwi'n mwynhau hynny. Mae rhai cyfarwyddwyr castio yn gwneud sylwadau am yr enw ond dwi ddim yn meddwl ei fod e'n mynd yn fy erbyn i.

Oes yna gystadleuaeth rhyngoch chi'r actorion Cymraeg?
Nac oes, ddim o'n safbwynt i, ac yn sicr does dim digofaint personol rhyngon ni. Fe wnes i a Rhys Ifans fynd ar ôl rhannau'r ddau frawd yn *House of America* – ni oedd y fersiwn blond! Ond fe gafodd Matthew Rhys a Stephen Mackintosh y rhannau. Ac roedden nhw'n dda iawn ac mae gyrfa ffilm Matthew yn mynd o nerth i nerth ar ôl y ffilm honno. Ond dwi ddim yn cwyno achos dwi ddim yn barod eto – dwi eisiau canolbwyntio mwy ar y theatr. Mae gen i lawer i'w ddysgu.

Ond Ifan, ffilm yw'r cyfrwng i fod ynddo fe! *Get jiggy with it!*
Wel, dwi'n ddau-ddeg-pum mlwydd oed – ac mae'r rhannau ffilm sydd ar gael i rywun o'r oed yma yn gyfyng iawn. Pan wyt ti'n dy dridegau a dy bedwardegau wyt ti'n cael amrywiaeth o rannau. Dwi'n dwli ar ffilm a hoffwn i ganolbwyntio ar ffilm yn y pen draw. Ond pwy a ŵyr, dwyt ti methu â chynllunio unrhyw beth yn y busnes yma. Dwi'n

meddwl mod i wedi gwneud mwy o deledu na ffilm a theatr hyd yma. Dwi wastad wedi bod eisiau gwneud mwy o theatr, ond mae'n rhaid i ti gymryd beth sy'n cael ei gynnig i ti i raddau.

Beth yw dy farn di am *method acting*? Mae'n rhaid dy fod yn gwybod y stori am pan oedd Dustin Hoffman a Laurence Olivier yn gwneud *The Marathon Man* gyda'i gilydd. Roedd Dustin Hoffman yn ceisio mynd i mewn i ysbryd ei ran trwy redeg o gwmpas fel *marathon man* go iawn. Ac fe wnaeth Laurence Olivier ddweud…
"Try acting dear boy!" Ie, dwi'n cytuno gydag Olivier. Ond mae *method* yn werthfawr os wyt ti'n cael problemau gyda'r rhan. Mae e fel rhyw fath o fag tŵls. Os oes eisiau cŷn arnat ti i siapo'r rhan, iawn. Ond dwi'n meddwl gelli di bortreadu mwy heb fod yn gaeth wrtho fe.

A dyw *method* ddim yn real beth bynnag, mi rwyt ti'n gwthio'r emosiwn.
Wyt. Yr unig beth y gelli di obeithio amdano fe yw dilyn dy reddf a bod y peth yn gweithio.

"Mae actorion yn actio am eu bod nhw'n unig" – dyna beth ddywedodd Anthony Hopkins mewn cyfweliad. Wyt ti'n cytuno?
Dwi'n meddwl fod unigrwydd a chwilio am sylw yn ran o'r hyn sy'n fy ngyrru i i fod yn actor. Dim hel sylw mewn ffordd 'Fi! Fi!' – ond mae yna fath o actor sydd yn chwilio am gymeradwyaeth – ac efallai fod hynna'n dod o ddiffyg

sylw pan yn blentyn. Ond mae actio ar ei orau yn gelfyddyd. Dwi'n meddwl fod dioddefaint yn gallu arwain at gelfyddyd arbennig. Mae'n gyfuniad anffodus – a byddet ti ddim yn ei wneud e o ddewis. Edrych ar artistiaid fel Beethoven, Van Gogh a Mozart. Dyna'r pris mae rhai yn ei dalu os ydyn nhw'n artistiaid go iawn.

Am gyfnod hir fe wnes i frwydro gyda fy hyder. Doeddwn i ddim yn ddigon da – mewn ffordd mae hwnna'n gallu bod yn beth da am dy fod eisiau gwneud mwy o ymdrech. Ond fe all dy stopio di rhag *gwneud*.

Pwy ydi dy arwr o fyd y sinema?

Fy hoff arwr sinema yw James Stewart – ffantastig. O ran actorion modern, dwi'n dwli ar berfformiadau De Niro yn *Taxi Driver* a *Raging Bull*, ond dwi'n meddwl ei fod e wedi colli ei finiogrwydd yn ddiweddar ac wedi troi i mewn i *one trick wonder*. Ond dwi'n credu ei fod wedi trechu Pacino yn *Heat*. Fy hoff actorion ifanc yw Johnny Depp ac Edward Norton. Ond pan yn gwylio ffilm, y stori sy'n diddori pobl fwyaf a does dim gwahaniaeth os wyt ti'n actor anhygoel os nad yw'r stori'n gweithio.

Os byddai rhywun yn gwneud ffilm am dy fywyd di, pwy fyddet ti'n ei ddewis i dy bortreadu di?

Gary Oldman yn bendant. Ond dwi heb gael bywyd digon anhygoel eto – ond efallai, cyn i mi adael yr hen ddaear 'ma!

Beth ydi dy hoff ffilmiau?

It's a Wonderful Life, One Flew Over The Cuckoo's Nest, The Godfather a (dwi'n cywilyddio) *Top Gun*.

Beth ydi dy hoff linell mewn ffilm?

"Your ego's writing cheques that your body can't cash."' o *Top Gun*.

Beth hoffet ti weld yn digwydd yn y dyfodol yn dy yrfa?

Bydden i wrth fy modd yn cyfarwyddo, rhoi sypreis i actorion wrth dynnu perfformiadau allan ohonyn nhw. Dwi wrth fy modd pan mae cyfarwyddwyr yn gwneud hynny i mi.

Os fyddet ti'n cael y dewis rhwng cael cynnig miliwn o bunnoedd am actio mewn ffilm antur yn Hollywood neu gael rhan dy freuddwydion yn y theatr, pa un fyddet ti'n ddewis?

Dwi'n gobeithio y byddwn yn dewis y theatr. Mi fyddwn i wrth fy modd yn gwneud llond trol o ffilmiau antur *trashy* yn Hollywood, ond hoffen i wneud stwff o sylwedd hefyd. Yn bennaf, hoffwn i gael cyfle i wneud rhannau sy'n fy ngwella i fel actor. Wedyn bydda i'n hapus.

ifanmeredith

Gyrfa

THEATR

A View From The Bridge
Sheffild Crucible Theatre
Loot West Yorkshire Playhouse
Candida Bolton Octagon Theatre

GYDA CHWMNI *CENTRAL*

The Accrington Pals
Anthony And Cleopatra
Men Should Weep
The White Devil
Senora Carrar's Rifles
Antigone
The Country Wife
Mud
Much Ado About Nothing
The Seagull

TELEDU

Peak Practice ITV
Warriors BBC
Great Expectations BBC
Shadow Falls HTV
A Light in the Valley BBC Wales
The Grand
Gold
Mill on the Floss Carnival Films/BBC
Elysian Fields (Josh)

FFILM

Metroland

"As an actor he can achieve an intensity in performance, desired by all but achieved by few" **Jason Hughes**

andrew howard

Cardiff East

andrewhoward

DYW HI DDIM YN GYD-DDIGWYDDIAD fod Andrew Howard wedi ei ddewis i bortreadu'r prif gymeriad yn nrama enwog Joe Orton, *Entertaining Mr Sloane*. Yr actor olaf i bortreadu'r cymeriad oedd Malcolm McDowell yn y saithdegau. Mae pawb yn cofio McDowell fel actor gwyllt a charismatig ffilmiau megis *If* ac *A Clockwork Orange* – mae gan Andrew Howard lawer yn gyffredin â'r actor hwn.

Mae'n wyllt, yn *wild-boy* yn nhraddodiad Peter O'Toole a Richard Harris, ac o ran pryd a gwedd ymdebyga i Terence Stamp yn ifanc. Mae e ar binau o hyd fel glöyn byw, ac mae ei hiwmor brathog yn cuddio uchelgais diderfyn. Yn sicr, actor y sgrîn fawr yw Andrew yn fwy na dim arall ac mae'n benderfynol o adael ei farc ar y *genre* hwnnw.

Hyd yma does dim un o'r ffilmiau y mae wedi cymryd rhan ynddyn nhw wedi bod yn llwyddiannus iawn. Ymddangosodd yn *Shades*, ffilm ddi-nod gyda Mickey Rourke, ac yn *The Cherry Orchard* gyda Charlotte Rampling. Yn ddiweddar portreodd Trevor, "twpsyn ar feic modur" (yn ôl Andrew), yn *Rancid Aluminium*, ffilm Ed Thomas a gynhyrchwyd gan Fiction Factory, cwmni cynhyrchu o Gaerdydd – cafodd y ffilm hon yn arbennig feirniadaeth hallt gan y cyfryngau.

Fe wnaeth perfformiadau Andrew yn *The Cherry Orchard* a *Rancid Aluminium* ddenu clod gan y beirniaid fodd bynnag, a gall ei ffilm ddiweddaraf, *Shooters*, lle mae'n chwarae'r prif ran, newid ei lwc.

Andrew ysgrifennodd *Shooters* ar y cyd gyda Gary Young a Louis Dempsey ac y mae hi wedi cymryd pum mlynedd iddyn nhw gasglu digon o arian ynghyd i'w chynhyrchu. Andrew sy'n portreadu prif gymeriad y ffilm, J, gangster a gwrtharwr gyda chalon aur sy'n ceisio gwneud y peth iawn ond sy'n methu ffoi rhag ei dynged. Disgrifia Andrew *Shooters* fel *"a nasty little gangster film"* – disgrifiad sy'n cyfleu ei hiwmor anghonfensiynol a ffwrdd-â-hi o bosib.

Mae ganddo gefndir theatrig cryf ac mae'n ffrindiau clos gyda'r rhan fwyaf o'r actorion sy'n ymddangos yn y llyfr hwn. Bu ar y llwyfan gyda Daniel Evans a Matthew Rhys yn *Cardiff East* yn 1997, ac mae'n dad bedydd i blentyn bach Jason Hughes. Ganwyd ef yn 1969 ac fe'i magwyd yn Nhreganna yng Nghaerdydd. Cafodd ei addysg yn Ysgol Uwchradd Lady Mary yn y Rhath. Mae'n ddi-Gymraeg ac mae ei rieni yn rhedeg gwesty yn y ddinas.

Bydd ei yrfa'n sicr o ddatblygu gydag amser; yn anffodus mae ei ymddangosiad corfforol yn ei gyfyngu i rannau dynion drwg neu fechgyn gwyllt ar hyn o bryd – mae hynny'n siŵr o newid gydag amser. Mae ei ddiddordeb mewn ysgrifennu a chreu ffilmiau yn sicr yn cynnig llwybr arall i'w yrfa, ac mae llwyddiant *Shooters* yn mynd i chwarae rhan holl bwysig yn natblygiad yr agwedd honno.

Cyfweliad

Sut ddechreuaist ti actio?

Wel, roeddwn i'n *rooting-tooting young floozy* a doedd dim byd yn fy ysbrydoli i – felly ddechreuais i actio. Doedd dim hyfforddiant gen i – ro'n i'n fethiant academaidd gyda dim diddordebau. Fe gyrhaeddais bwynt yn fy arddegau hwyr ble roedd gen i y dewis i ddilyn fy ffrindiau a'r stwff oedden nhw'n ei wneud neu i dorri'n rhydd. Felly fe benderfynais i actio ac roedd hynny yn dipyn o achubiaeth i mi. O'n i wastad yn mwynhau actio wrth dyfu i fyny, ond wedyn fe wnes i gwympo mewn cariad â'r peth – ac roedd e'n rywbeth o'n i eisiau bod yn dda ynddo fe a bod yn *player*.

Dweda fwy wrtho fi am dy ffilm, *Shooters*.

Dwi'n ei ffeindio hi'n anodd iawn i ddisgrifio *Shooters*. Dwi wedi bod ynghlwm â'r ffilm am gyfnod mor hir. Un dydd dwi'n meddwl mai ffilm *gangster* yw hi, drannoeth dwi'n ei throi hi drosodd a dwi'n ei gweld hi fel ffilm deimladol, neu fel *road movie*. Na, mae'n ffilm sydd yn dilyn *genre* ffilmiau *gangster* gyda dylanwad ffilmiau sydd wedi bod yn bwysig i mi ac i'r ddau awdur arall – yn mynd yn ôl i ffilmiau'r saithdegau.

Beth am *Bonnie and Clyde* a oedd yn ffilm chwyldroadol yn 1967?

Ie, yn sicr roedd hon yn ddylanwad arnon ni. Ond yn ogystal ffilmiau fel *Badlands*, ffilmiau Coppola, Scorsese, Cassavettes, yn symud i ffilmiau'r wythdegau a ffilmiau fel *The State of Grace* a *Deep Cover*. Dyw'r rheini ddim yn ffilmiau enwog ond roedd ganddyn nhw weledigaeth. Roedden ni fel awduron y ffilm yn gallu gweld eu dylanwad; cawsom ein dylanwadu hefyd gan ffilmiau gangster fel *Get Carter*, *Long Good Friday*, *Made in Britain* a *Scum*.

Beth am Tarantino?

Wel, alli di ddim peidio cael dy ddylanwadu gan Tarantino, er bod ein golygfa agoriadol ni yn ymddangos fel *rip-off* o Tarantino, fe sgwennwyd e cyn i *Reservoir Dogs* Tarantino ddod mas.

Beth sydd mor debyg i waith Tarantino yn yr olygfa agoriadol yma, 'te?

Wel, mae'r olygfa agoriadol o Matthew Rhys a minnau gyda bŵt y car ar agor ac mae'r camera yn y bŵt. Rwy'n cau'r bŵt – a fy syniad i oedd y dylai'r camera aros yn y bŵt heb newid shot – mae tri deg eiliad o dywyllwch llwyr pan y'n ni'n trafod y ddêl, wedyn y'n ni'n cytuno a dwi'n agor y bŵt eto. Ond pan fydd pobl yn ei weld e byddan nhw'n meddwl ein bod ni wedi copïo Tarantino. Ond dyw'r düwch yna am dri deg eiliad heb gael ei wneud o'r blaen.

Mae'r ffilm yn emosiynol iawn, yn bedwar diwrnod ym mywydau y cymeriadau yma sy'n rhan o fyd y gangsters. Rydyn ni'n gweld eu diawled personol nhw'n eu poenydio, yn eu gweld yn wynebu brad a chyfeillgarwch – themâu dynol. Dwi'n credu ein bod ni wedi gwneud y ffilm hon mewn ffordd wahanol i ffilmiau gangster y gorffennol, mae'r rheini wedi bod yn llawn triciau, ond dwi'n gobeithio bod ein ffilm ni'n onest iawn. Un o'r problemau oedd yn codi yn wreiddiol oedd bod y ffilm yn ymddangos jyst fel bechgyn yn rhegi ac yn saethu yn unig. Ond mewn realiti mae yna emosiwn y tu ôl iddi. Rwyt ti'n cael gweld beth sydd yn cuddio y tu ôl i fasgiau'r bobl yma. Rwyt ti'n gweld y *breakthroughs* a'r *breakdowns*. Mae'r ffilm yn digwydd dros gyfnod byr o amser ac mae'n symud yn gyflym. Dwi

dal yn ceisio dyfalu beth mae'r ffilm yn ei ddweud a sut mae'r bobl sydd ynddi wedi ei heffeithio hi.

Dwi'n meddwl ei bod hi'n wahanol – yn erbyn drylliau, cyffuriau a thrais. Mae hi'n ffilm gachu – peidiwch â mynd i'w gweld hi!

Shooters

Roedd tipyn o actorion o Gymru yn *Shooters* – actorion fel Ioan Gruffudd, Matthew Rhys a Jason Hughes – actorion sydd wedi cael cryn sylw gan y wasg. Beth wyt ti'n meddwl am ffenomenon *Cŵl Cymru*?

Mae *Cŵl Cymru* yn mynd ar fy nerfau i, ond dwi'n meddwl ei fod e'n beth da fod pobl yn llwyddiannus. Dwi'n hapus nad yw Cymru'n cael ei thaflu i'r gwter fel sydd wedi digwydd iddi yn ystod yr wyth can mlynedd diwethaf, a dwi'n credu ei fod e'n beth positif a da fod talent Cymreig yn llwyddo. Dwi'n gobeithio bod hyn yn annog pobl eraill i fentro hefyd. Dyna beth ydw i'n ei wneud – yn mentro ac yn dilyn breuddwyd. Dwi'n meddwl bod y Cymry sy'n llwyddo ar hyn o bryd yn dda iawn – edrycha ar Rhys a Matthew. Mi fyddai'n beth da i weld mwy o awduron Cymraeg hefyd.

Roeddet ti yn *Rancid Aluminium,* ffilm a gafodd ei beirniadu yn llym, yn enwedig yng Nghymru. Wyt ti'n meddwl ein bod ni fel cenedl yn genfigennus os ydi rhywun yn ceisio torri'n rhydd a gwneud gwaith fydd yn apelio y tu allan i Gymru?

Mae yna elitiaeth hyll yng Nghymru – mae hanner y cyfryngau yn siarad Cymraeg a'r hanner arall yn siarad Saesneg. Mae yna rwyg a brwydr nad yw yn mynd i ddod i ben nes bod y ddwy garfan yn hapus gyda'r hyn ydyn nhw a'r hyn maen nhw ei eisiau.

Ond fe ddioddefodd *Rancid Aluminium* feirniadaeth lem y tu allan i Gymru hefyd. Dwi'n meddwl ei bod hi'n ymdrech fonheddig ond gwallus. Roedd rhai pobl eisiau ei beirniadu hi am ei bod hi wedi'i chynhyrchu yng Nghymru. Wel, gadewch i bobl feddwl hynny. Dwi'n meddwl fod yna ddigon o dalent a syniadau yn dod o Gymru fydd yn gadael yr hen ystrydebau hynny ar ôl. Dwi eisiau gwneud gwaith da, a dyna oedd gobaith Fiction Factory gyda *Rancid Aluminium*. Dwi'n falch mod i ynddi.

Mae pobl yn dueddol o drin actorion fel eiconau. Pam hynny?

Wel, rydyn ni *yn* eiconau! Dylai pobl fod yn ofalus o'n cwmpas ni – ry'n ni'n sensitif, mae angen lot o faldod, gofal a sylw arnon ni ac mae'n well cadw'ch pellter gan ein bod yn gallu colli'n tymer! Mae eicon yn air da – mae'n gweithio i fi!

"Mae actorion yn actio am eu bod nhw'n unig" – dyna beth ddywedodd Anthony Hopkins mewn cyfweliad. Wyt ti'n cytuno?

Mae'n wir yn fy achos i, nid mod i'n dweud mod i'n berson tywyll fel Syr Anthony Hopkins. Mae llawer o 'ngwaith i'n deillio o unigrwydd – cefais i'n alltudio yn yr ysgol, o nheulu ac o 'ngwlad. Felly, daw llawer o'r hyn rydw i'n ei wneud o unigrwydd.

Rwyt ti wedi gwneud llawer o waith ar gyfer ffilm a theledu – ydi'r theatr yn apelio gymaint?

Ar hyn o bryd jobyn yw jobyn. Dyw e ddim yn bwysig beth yw'r cyfrwng, mae'r stori a'r cymeriad yn bwysicach. Pe tasen i'n cael y cyfle i wneud yr hyn yr hoffwn i wneud ar seliwloid, yna byddai theatr yn cael ei adael ar ôl mae'n debyg. Mae theatr wedi bod i raddau, yn angor i mi – yn fara menyn. Ac er ei fod wedi achosi diflastod ac anhapusrwydd – dwi wedi gweithio gyda digon o gyfarwyddwyr sydd eisiau chwarae gyda chi a'ch poenydio – mae gen i dipyn o waith diolch i'r theatr. Mae ffilm yn wahanol oherwydd mae yna lai o stwff all fynd o'i le, llai o amser, ond mae pobl yn ymdrin â'i gilydd mewn ffordd fwy arwynebol. Yn y theatr mae ganddoch chi fwy o amser i ymarfer ac i ymchwilio, ac felly mae pethau eraill yn dod allan. Ac os nad ydych chi'n cael eich llywio gan y bobl iawn, gall pethau fynd o'i le. Hoffwn i wneud cyfuniad o theatr a ffilm yn y pen draw.

Wyt ti'n cael dy ystyried fel actor o Gymru yn bennaf?

Wel, mae'n dibynnu sut wyt ti'n gwerthu dy hun. Dwi'n mynd i mewn i gyfweliad fel fi fy hun – ac os ydi pobl yn sylwi ar y ffaith mod i'n Gymro, iawn. Dwi'n mynd i mewn yn meddwl am sut fath o gymeriad y bydda i'n ei chwarae. Dwi ddim yn mynd i mewn gyda draig goch wedi'i thatwio ar fy nhalcen, ond dwi ddim yn cuddio'r ffaith mod i'n dod o Gymru. Ar hyn o bryd mae pobl yn hoffi'r peth. Dwi ddim yn credu mai dim ond ffasiwn yw e. Mae pobl yn ofni mai chwiw yn unig ydi e ac mae'n ddoeth i fod yn

wyliadwrus o hyn. Dyw'r actorion dwi'n eu hadnabod ddim yn creu heip am eu cenedlaetholdeb – y bobl sydd yma yng Nghymru sydd yn ansicr am eu cenedlaetholdeb sy'n creu'r heip yma. Does neb ohonon ni'n ei gario fel baich, does neb yn meddwl ei fod e'n felltith.

Oes yna gystadleuaeth rhyngoch chi'r Cymry am rannau?

Os wela i Matthew neu Ioan yn y papurau eto, dwi'n mynd i grogi'n hun! Rydyn ni'n dod ar draws ein gilydd mewn cyfweliadau drwy'r amser, a 'dyn ni'n *hygs, hygs, hygs* i gyd, ac wedyn unwaith ydyn ni rownd y gornel mae'n newid i *cxxxs, cxxxs, cxxxs!*

Na, o ddifri mae yna gystadleuaeth, ond os ydi e yn rhywun wyt ti'n ei barchu, wel, wedyn mae'n iawn. Os taw Jason Hughes a fi oedd yn ceisio am yr un rhan a'i fod e'n cael y rhan, wel dwi'n gwybod fod hyn yn mynd i swnio'n siwgwraidd, ond fydden i'n falch drosto fe. Does dim drwgdeimlad, mae yna ychydig o eiddigedd ond mae hynna'n cael ei daflu i'r neilltu gan fod y person sydd wedi cael y rhan yn rywun y'ch chi'n ei adnabod ac yn ei garu.

andrew howard

Gyrfa

"In Voyage of the Damned he is most convincing as a Jewish refugee, gaunt and bespectacled, tortured, cowering but seething behind his haunted gaze. One critic accused him of not so much scene stealing as scene 'hijacking'." **Derrick Harris**

jonathan pryce

jonathanpryce

MAE JONATHAN PRYCE wedi bod yn perfformio ar lwyfan ac ar sgrîn ers yn agos i dri deg o flynyddoedd, ac ef yw un o actorion mwyaf cyfarwydd y sgrîn fawr ar lefel ryngwladol. Brodor o Sir y Fflint ydyw, a ganwyd ef yn 1947; aeth i goleg RADA cyn mynd ymlaen i weithio yn theatr Everyman yn Lerpwl. Mae Jonathan Pryce yn enghraifft brin o actor sydd yn medru mwynhau llwyddiant ar lwyfan ac ar sgrîn fel ei gilydd, ac mae wedi llwyddo'n wyrthiol i gadw'r ddysgl yn wastad rhwng y ddau gyfrwng.

Yn 1980 enillodd wobr *Olivier* am ei bortread o Hamlet yn y Cwrt Brenhinol, ac am ei berfformiad ar lwyfan yn *Miss Saigon* enillodd doreth o wobrau – yn eu plith, gwobrau *Olivier*, *Variety Club*, *Tony*, a gwobr yr *Outer Critics Circle* am yr Actor Gorau mewn Sioe Gerdd. Yn 1995 chwaraeodd ran Fagin yng nghynhyrchiad y West End o *Oliver!*, ac yn 1997 perfformiodd ddetholiad o *My Fair Lady* a chael canmoliaeth uchel.

Serch hynny, y mae'n enwog yn bennaf am ei berfformiadau mewn ffilmiau. Roedd ei bortreadau yn *Brazil* (1985), *Glengarry Glen Ross* (1992), *The Age of Innocence* (1993), *Evita* (1996), *Tomorrow Never Dies* (1997) a *Stigmata* (1999) yn cyfleu amrediad ei allu, yn eang eu hapêl ac yn dangos ei hyblygrwydd fel actor. Yn bersonol, fy ffefryn i ymhlith ei bortreadau ar ffilm yw ei ran fel *baddie* yn *Tomorrow Never Dies* – efallai nad wyf yn uchel ael yn fy newis ond, i mi, mae actor yn llwyddo pan argyhoedda'r gynulleidfa'n llwyr ei fod ef a'r rhan mae'n bortreadu yn un, ac yn sicr yn y ffilm hon fel yn y mwyafrif o'i ffilmiau, fe lwyddodd Jonathan Pryce i gyflawni hynny.

Yn gymeriad diymhongar, cwrtais a thawel o ran natur, does dim lol yn perthyn i Jonathan Pryce. Y peth pwysig iddo ef yw cael sialens a her, a rhannau sydd yn ei gyffroi ar ôl tri deg o flynyddoedd yn y proffesiwn.

Cyfweliad

Rydych yn chwarae cymeriad Cymreig yn *Unconditional Love*. Ond mae chwarae cymeriadau Cymraeg yn beth anghyffredin i chi fel arfer.
Ydi, er dwi wedi bod mewn cwpwl o ffilmiau Cymreig yn ddiweddar – er enghraifft *Very Annie Mary* a gyfarwyddwyd gan Sara Sugarman lle dwi'n chwarae rhan pobydd sy'n canu ac sydd ag obsesiwn â Pavarotti. Ac mi wnes i chwarae Cymro yn y ffilm, *The Testimony of Taliesin Jones*; mae Matthew Rhys yn y ffilm honno hefyd. Fe oedd yn chwarae rhan fy mab i.

Sôn am Matthew Rhys, mae yna griw o actorion ifanc Cymraeg sydd wedi cael clod dros y blynyddoedd diwethaf – er enghraifft, Matthew, Ioan Gruffudd a Rhys Ifans. Wnes i ofyn iddyn nhw a oedden nhw'n cael eu teip-castio fel actorion Cymreig, ac yn gyffredinol yr ateb oedd 'na'. Oedd hyn yn wir amdanoch chi pan ddechreuoch chi actio, neu a oedd eich Cymreictod yn anfantais i chi?
Na, doedden nhw ddim yn edrych arna i fel actor o Gymro. Es i i'r coleg yn Lerpwl ac wedyn es i i Lundain ac erbyn hynny roedd fy acen wedi diflannu. Roeddwn i'n dod o Dreffynnon lle'r oedd yna lawer o fewnfudwyr, roedd yna wahaniaeth mawr rhwng pobl y mynyddoedd a phobl y glannau, a doedd dim teimlad cryf o hunaniaeth Gymraeg gen i. Ond roedd fy nhad yn siarad Cymraeg, fy mam yn deall yr iaith ac mae gen i Lefel O yn y Gymraeg! Ac fe wnes i berfformio yn y Gymraeg am y tro cyntaf ers

blynyddoedd yn y cyngerdd i ddathlu agor y Cynulliad Cenedlaethol.

Mae'n eironig nad oeddwn i wedi meddwl bod gen i hunaniaeth Gymraeg pan oeddwn i'n byw yng Nghymru. Dim ond pan es i i America a chael fy ngalw'n 'actor Cymreig' y gwnes i ddod yn ymwybodol o fy hunaniaeth fel Cymro.

Fe wnaethoch sôn am berfformio yn y Gymraeg – a fyddech yn ystyried actio mewn ffilm drwy gyfrwng y Gymraeg?
Byddwn, ond mi faswn i'n siŵr o swnio fel Sais yn siarad Cymraeg!

Pryd oeddech chi'n gwybod eich bod eisiau dilyn gyrfa fel actor?

Wel, roeddwn i'n un ar hugain oed. Roeddwn i wastad wedi actio mewn dramâu ysgol ers i mi fod yn ifanc iawn. Ond es i i goleg celf yng ngogledd Lloegr a gwneud fy ymarfer dysgu mewn celf a drama. Ond tra 'mod i yn y coleg fy mhrif ddylanwad oedd fy nhiwtor, Gerry Dawson, a wnaeth fy nghyflwyno i fyd y theatr. Ac er iddo geisio 'mherswadio i rhag actio am ei fod eisiau i mi fod yn athro, oni bai 'mod i wedi cwrdd ag o fyddwn i byth wedi mynd i actio na rhoi cais am le yn RADA, fel y gwnes i ar ôl gorffen y cwrs ymarfer dysgu.

"Mae actorion yn actio am eu bod nhw'n unig" – dyna beth ddywedodd Anthony Hopkins mewn cyfweliad. Ydych chi'n cytuno?

Na, dwi'n meddwl bod hynny'n wir amdano fe yn tyfu i fyny yn unig blentyn. Ond dwi erioed wedi teimlo 'mod i'n actio am 'mod i'n unig. Pan dwi'n actio dwi'n gwneud hynny er mwyn dathlu, fel petai. Fel plentyn roeddwn i'n chwarae gêmau dychmygol ond dwi ddim yn meddwl mai unigrwydd sy'n fy symbylu i actio.

Mae actio yn broffesiwn od iawn. Pan mae ar ei orau yr elfen bwysicaf yw'r cyfeillgarwch rhwng actorion a'r cyfeillgarwch sy'n cael ei gynnal ar ôl hynny. Mae hyn yn arbennig o wir gyda'r actorion wnes i eu cwrdd pan

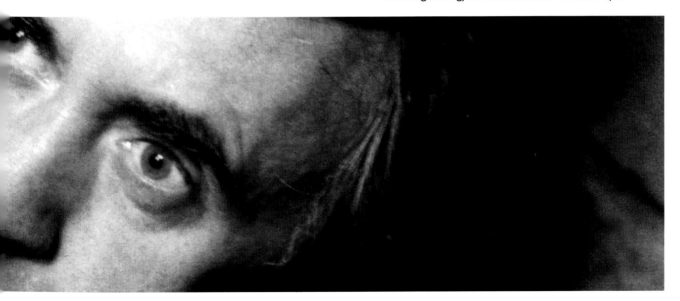

ddechreuais i ar fy ngyrfa yn Theatr Everyman yn Lerpwl. Pan ydych chi'n ifanc rydych yn ffurfio perthynas fwy clòs.

Theatr yntau ffilm – ydych chi'n cael eich tynnu rhwng y ddau gyfrwng?

Na, dwi'n hoffi'r ddau. Dwi wrth fy modd yn y theatr – yn enwedig y gwaith wnes i yn *Miss Saigon, Oliver!* ac *Evita* am eu bod nhw mor wahanol. Dwi'n fwy gofalus wrth ddewis rhannau theatr na ffilm am eu bod yn cymryd gymaint o amser, tra bod gwaith ffilm yn dod i ben yn gyflym. Dwi ond yn gwneud gwaith sydd o ddiddordeb i mi, ond does gen i ddim hoff gyfrwng.

Mae cymdeithas eisiau eiconiaid i'w hedmygu, yn arbennig actorion. Ydi sylw'r wasg a'r cyhoedd yn codi ofn arnoch chi?

Wel, mae'n dibynnu sut ydych chi'n delio efo'r cyhoeddusrwydd. Dwi'n meddwl bod y wasg wedi delio efo fi'n eitha teg dros y blynyddoedd. Dwi ddim yn gwneud y math o waith sy'n denu'r math yna o addoliad. Fyddwn i ddim yn mynd ar gyfyl pethau fel *Hello* neu *OK* – dwi'n cadw fy mywyd preifat yn breifat. Mae gen i dri o blant ac mae'n rhaid i mi feddwl amdanyn nhw hefyd.

Dydi'r 'addoli' ond yn digwydd i ddyrnaid o bobl. A dwi wedi gweithio efo rhai ohonyn nhw. Er enghraifft, wnes i weithio efo Madonna yn *Evita*, ac mae ganddi hi fywyd na allwn i ei ddioddef fy hun. Ond mae hi'n delio efo'r peth ac yn ffynnu arno fe.

Dwi'n teimlo bod y ffans neu'r wasg yn fwy penderfynol o geisio cyrraedd y seren os ydyn nhw'n teimlo na allan nhw ddod i gysylltiad gyda nhw. Mae'r awydd i weld ac i siarad gyda'r seren yn fwy os ydyn nhw allan o'ch cyrraedd chi.

Dwi'n cofio gweithio ar gynhyrchiad radio George Martin o *Under Milk Wood* yn Hampstead. Roedd Syr Anthony Hopkins yn chwarae rhan y Llais Cyntaf a finnau yn chwarae'r Ail Lais. Wnaethon nhw osod rhwystrau i atal y ffans rhag dod aton ni ac roedden nhw'n sgrechian ein henwau ni. Ond mae pobl yn fy ngweld i adref yn Hampstead yn siopa yn Waitrose, a does neb yn dod ata i! Roedd y rhwystrau'n gwneud iddyn nhw fod eisiau'n cyrraedd ni. Ac os ydych chi'n cadw'ch hun ar wahân rydych chi'n creu mwy o *mystique* amdanach eich hun ac mae pobl eisiau torri'r rhith.

O'r holl rannau rydych wedi eu portreadu, pa un yw eich ffefryn?

Mae yna ormod ohonyn nhw! Roeddwn i wrth fy modd gyda fy rhannau yn *Brazil* a *Carrington*. Fy mhrif ran mewn drama am y tro cyntaf oedd yn *The Comedians,* rhan Gethin Price a sgwennwyd yn benodol ar fy nghyfer i gan Trevor Griffiths. Roedd hyn yn 1974 ac fe aethpwyd â'r ddrama i Efrog Newydd ac i Lundain. Ond roeddwn i wrth fy modd yn chwarae *Hamlet*, a'r ddwy flynedd dreuliais i yn *Miss Saigon*. Mae'n amhosib dewis!

Pwy ydi'ch hoff gyfarwyddwr?

Terry Gilliam. Dwi'n gobeithio gwneud ffilm arall gyda fe cyn hir. Fe ddaethon ni'n ffrindiau ar ôl gwneud *Brazil*. Mae ganddo fe'r egni arbennig ac mae e'n hoff o actorion – mae e'n ein cyflogi ni i weithio.

Beth ydi'ch hoff ffilm?

Ffilm Sbaeneg o'r enw *Spirit of the Beehive* a gafodd ei gwneud yng nghanol y 1970au. Am blentyndod mae hi, a dwy ferch ifanc sy'n cwrdd â Frankenstein. Mae'n anodd ei disgrifio – mae'n rhaid i chi ei gwylio!

Pwy fyddech chi'n ei ddewis i'ch chwarae chi mewn ffilm?

Joseph Fiennes – mae'n anodd credu hyn nawr, ond roeddwn i'n olygus pan oeddwn i'n ifanc!

Rydych chi wedi chwarae rhan Henry Higgins yn *My Fair Lady*. Oedd hi'n codi ofn arnoch i chwarae rhan sydd wedi cael ei hanfarwoli gan Rex Harrison?

Na. Wnes i chwarae'r rhan mewn cyngerdd yn yr Hollywood Bowl rai blynyddoedd ynghynt ac mae fy mhortread i dipyn yn wahanol i'w berfformiad e. Dwi'n canu'r rhan yn fwy nag e. Ac er bod ei berfformiad e yn arbennig roedd yn perthyn i'w gyfnod. Dwi'n meddwl bod yr amser wedi dod i bortreadu'r rhan mewn ffordd wahanol erbyn hyn.

Ydych chi'n gweld eich hun yn troi i gyfarwyddo, fel Robert Redford neu Clint Eastwood?

Wel, welais i ffilm ddiwethaf Clint Eastwood wnaeth o'i chyfarwyddo ei hun, a dwi'n teimlo ei fod e'n rhy hen i fod yn cyboli efo'r merched, er ei fod e wedi gwneud ffilmiau arbennig o dda yn y gorffennol. Dwi ddim yn meddwl y dylech chi fod mewn ffilm rydych chi'n ei chyfarwyddo eich hun – heblaw fod ganddoch chi ddarlun clir o'ch hun fel person yn eich pen!

Wnes i ffurfio cwmni theatr yn Lerpwl flynyddoedd yn ôl a chyfarwyddo, ac ar ôl hynny doeddwn i ddim eisiau cyfarwyddo. Ond erbyn hyn hoffwn i gael cyfle arall.

"Mae'n rhaid i mi gyfadde mai'r thril fwya ge's i oedd pan wnaeth Jonathan Pryce fy ffonio... Ro'n i'n meddwl mai un o fy ffrindiau oedd yn tynnu fy nghoes pan glywais i lais bonheddig yn dweud, 'This is Jonathan Pryce here.' O'n i bron ag ateb yn ôl, 'Yes, and I'm Liz Taylor!'"
Joanna Davies

Gyrfa

Theatr Nottingham
The Taming of the Shrew (1973)
The Caucasian Chalk Circle (1974)
The Churchill Play (1974)
Bandingo (1974)
The Comedians (1975)
   Enillodd wobr *Tony* am ei berfformiad.

RSC
The Taming of the Shrew (1979)
Macbeth (1986)

Royal Court
Hamlet (1980)
   Enillodd wobr *Olivier* am ei bortread.

West End
The Seagull (1985)
Antony and Cleopatra
Uncle Vanya (1988)
Miss Saigon (1989)

Broadway
Miss Saigon
   Enillodd wobrau *Olivier*, *Variety Club*, *Outer Critics Circle* a
   Tony, am yr Actor Gorau mewn Sioe Gerdd.

Palladium Llundain
Oliver! (Fagin) (1995)

Hollywood Bowl
My Fair Lady (Professor Higgins) (1997)

Daft as a Brush (1975)
Playthings (1976)
For Tea on Sunday (1979)
The Day Christ Died (1980)
Murder is Easy (1981)
Glad Day (1981)
Timon of Athens (1981)
Luther (1981)
The Man from the Pru (1989)
Mr Wroe's Virgins (1993)
Praying Mantis (1993)
Thicker than Water (1993)
Barbarians at the Gate (1993)
David (1997)

jonathanpryce

FFILM

Voyage of the Damned (1976)
Breaking Glass (1980)
Loophole (1980)
The Ploughman's Lunch (1983)
Something Wicked This Way Comes (1983)
Brazil (1985)
The Doctor and the Devils (1985)
Haunted Honeymoon (1986)
Jumpin' Jack Flash (1986)
Man on Fire (1987)
Consuming Passions (1988)
The Adventures of Baron Munchausen (1989)
The Heat is On (1989)
The Rachel Papers (1989)

Freddie the Frog (1992)
Glengarry Glen Ross (1992)
The Age of Innocence (1993)
Barbarians at the Gate (1993)
Deadly Advice (1993)
Great Moments in Aviation (1993)
Thicker than Water (1993)
A Troll in Central Park (llais) (1993)
A Business Affair (1994)
Shopping (1994)
Carrington (1995)
Evita (1996)
David (1997)
Tomorrow Never Dies (1997)
Regeneration (1998)
Ronin (1998)
Stigmata (1999)
Very Annie Mary (2000)

hughes

This Life

jasonhughes

GANWYD JASON HUGHES yn 1970 ac fe'i fagwyd ym Mhorthcawl. Mynychodd Ysgol Uwchradd Porthcawl lle'r eginodd ei gariad tuag at ddrama. Yna aeth i Goleg LAMDA yn Llundain cyn cael y rhan a'i wnaeth yn enwog, yng nghyfres ddrama boblogaidd y BBC, *This Life*, lle'r oedd yn portreadu Warren, y cyfreithiwr hoyw.

Dilynwyd hyn gan rannau amrywiol yn y theatr ac yn ddiweddarach yn y ffilm *House*. Ffilm gomedi oedd hon wedi'i lleoli yn ne Cymru, a oedd yn edrych ar hynt a helynt neuadd bingo y *La Scala*. Roedd Jason yn portreadu'r *bingo caller* oedd yn gariad i gymeriad Kelly Macdonald (*Trainspotting*), a chafodd ganmoliaeth fawr am ei berfformiad.

Mae'n actor amryddawn, enillodd glod am ei berfformiadau comig yng nghyfres Harry Enfield, ac y mae wedi llwyddo i gynnal ei yrfa ers gadael *This Life*.

Mae'n actor sydd yn dilyn ei reddf a medda ar bersonoliaeth ddymunol iawn. Dyw Jason ddim yn ffan mawr o'r wasg ac roedd delio gyda'r sylw a'r cyhoeddusrwydd pan oedd yn un o sêr *This Life* yn anodd iawn iddo; y mae'n ddiymhongar ac yn dawelach o ran natur na'i gyfaill pennaf, yr actor Andrew Howard. Ond, gellid dadlau ei bod hi'n beth da ei fod wedi cael y profiad o ymyraeth y wasg pan oedd yn ifanc gan iddo ddysgu pa mor anwadal yw'r cyfryngau a'r cyhoedd yn gyffredinol.

Mae Jason wedi profi fod ganddo'r *staying power* angenrheidiol i lwyddo fel actor ac mae ei berfformiad carismatig yn *House* yn crisialu hyn.

Mae Jason, ei bartner Natasha, a'u merch fach, Molly, yn byw yn Kilburn yn Llundain.

Cyfweliad

Fe wnes di dy enw yn portreadu Warren, y cyfreithiwr hoyw yng nghyfres boblogaidd y BBC, *This Life*. Oedd y gyfres yn llwyddiant yn syth neu a ddaeth y sylw yn fwy graddol?
Wel, doedd e ddim yn llwyddiant dros nos. Ar y dechrau doedd neb yn siŵr sut i gymryd y peth – roedd pobl a oedd wedi gwylio'r rhaglen gyntaf yn ei hoffi ddigon i wylio'r ail raglen. Erbyn i ni gyrraedd rhaglen pedwar, roedd y beirniaid wedi clywed amdani ac roedden ni i gyd yn *hot stuff*.

Sut wnest di ymdopi gyda'r sylw oddi wrth y wasg a'r cyhoedd?
Wel, wnes i ddim ymdopi'n dda o gwbl. Ar ôl gwneud pedwar mis o waith teledu o'n i byth yn meddwl fyddai pobl yn gweiddi 'Warren!' arna i wrth i mi gerdded i lawr y stryd. Roeddwn i'n casáu'r sylw achos dwi yn berson eitha mewnblyg.

Oedd hi'n anodd dychwelyd i'r *rat race* fel petai pan wnaeth y gyfres ddod i ben?
Na, a bod yn onest, achos wnes i benderfyniad i adael y gyfres cyn iddi ddod i ben. Doeddwn i ddim yn hapus â sut oedd fy nghymeriad i'n datblygu, doeddwn i ddim eisiau i'r peth fynd yn *tacky* gyda'r cymeriad yn cael rhyw â dieithriaid mewn toiledau. Felly o'n i eisiau mynd cyn i ni gyrraedd y pwynt yna. Dwi'n dueddol o wneud hyn yn fy mywyd personol hefyd, gorffen pethau yn eu blas cyn iddyn nhw fynd yn racs.

Wrth edrych yn ôl, doedd e ddim yn benderfyniad da. Dwi wedi dysgu bellach i beidio gwneud hynny, os ydi pethau da yn digwydd i chi mae'n well gadael i bethau ddatblygu yn naturiol. Er nad oedd e'n ddewis da i adael *This Life* fe wnes i waith theatr da wedyn a dysgu tipyn. Er enghraifft, fe wnes i *Badfinger* gyda Rhys a Michael a oedd yn brofiad gwych, ge's i'n nomineiddio am wobr am fy rhan yn y ddrama. Ac wedyn fe wnes i ffilm fer a dim teledu o gwbl am dipyn.

Beth sy'n well gennyt ti, theatr, ffilm neu teledu?
Wel, does gen i ddim ffefryn. Os ydi band roc mewn stiwdio yn recordio'n gyson heb wneud unrhyw berfformiadau byw mae nhw'n colli miniogrwydd eu perfformiad. Yn yr un modd, pan wyt ti'n actio ar gyfer y sgrîn mae angen mynd yn ôl i wneud gwaith theatr er mwyn cadw'r peth yn ffres. Ond ar ôl chwe mis yn y theatr dwi'n cael digon ac eisiau mynd yn ôl i fyd ffilm a theledu.

Yn wahanol i ffilm a theledu, rwyt ti'n cael mwy o gyfle i wella dy berfformiad yn y theatr gan dy fod yn portreadu'r un cymeriad am gyfnod hir.
Wyt, ond mewn ffilm a theledu os wyt ti'n gwneud camgymeriad, rwyt ti'n gallu ei gywiro. Yn y theatr, rwyt ti'n gallu ail-wneud y perfformiad y noson ar ôl hynny ond dwyt ti'n methu mynd yn ôl y noson honno. Yn y theatr mae gennyt ti reolaeth dros y rhan er bod ailadrodd y peth yn gallu mynd yn fwrn ar ôl 'chydig fisoedd.

Pam wnest di benderfynu dilyn gyrfa fel actor?

Dwi wastad wedi dwli ar ddrama. Roeddwn i'n lwcus iawn o gael athro drama da. Roedd fy rhieni wedi ysgaru ac roeddwn i'n edrych am drwbl. Roeddwn i'n wahanol i'r bechgyn eraill achos mod i â'r diddordeb yma mewn drama. Fe wnaeth fy athro synhwyro mod i mewn trwbl ac fe wnaeth e fy annog i i ddatblygu fy sgiliau mewn drama. Roeddwn i wrth fy modd yn ymarfer ar gyfer cynhyrchiadau'r ysgol, roedd hi fel petawn i wedi rhewi mewn amser pan oeddwn i'n yr ystafell ymarfer. Pan dwi'n canolbwyntio ar rywbeth mae'n dod yn obsesiwn ac mae drama yn obsesiwn i mi. Fe wnaeth fy athro'n annog i i fynd i goleg drama ac fe ges i le yn LAMDA.

Gefaist ti brofiad da yn y coleg?

Yn gyffredinol, do. Roedd hi'n beth da i mi i fynd i Lundain, ond pan oeddwn i'n LAMDA roedd gan y prifathro lawer o broblemau personol ac roedd safon yr hyfforddiant wedi dirywio. Ond fe wnes i ddysgu llawer, yn bennaf sut i fynegi'n hun mewn ffordd greadigol.

jason hughes

Dywedodd Syr Anthony Hopkins fod "actorion yn actio am eu bod yn unig". Wyt ti'n cytuno gyda hyn?

Mae'n wir. Roeddwn i'n teimlo wedi fy ynysu pan oeddwn i'n tyfu i fyny. Doeddwn i ddim yn teimlo mod i'n rhan o rywbeth, doeddwn i ddim yn perthyn i unrhyw le ac roedd gen i'r ysfa i fynegi fy hun, ac roedd actio yn ddihangfa i mi.

Wyt ti'n ei chael hi'n anodd i weithio gyda phobl, gorfod dod i'w hadnabod yn dda dros gyfnod byr o amser ac wedyn symud ymlaen at y nesa?

Dwi ddim yn gwneud ffrindiau newydd wrth weithio yn gyffredinol. Mae gen i ffrindiau agos fel Andrew a Michael, dwi ddim yn un o'r bobl yma sydd â rhwydwaith eang o ffrindiau.

Mae dy ffrindiau agosaf di yn actorion Cymraeg hefyd, beth wyt ti'n meddwl am y tag *Cŵl Cymru* yma 'te?

Dwi'n methu goddef y peth. Mae e'n *bollocks* llwyr, creadigaeth y cyfryngau. Dwi newydd ddarllen *The Selfish Gene* gan Richard Dawkins ac mae'r llyfr yna'n ymdrin â'r elfen hunanol yma sy'n rhan annatod o'r natur ddynol. Mae pobl yn barod i sathru dros ben eraill er mwyn cael beth mae nhw eisiau. A dyna beth mae'r cyfryngau'n ei wneud yn creu y tag yma er mwyn eu helpu nhw i werthu eu cynnyrch.

House

Pan wyt ti'n mynd i gyfweliad, ydi'r ffaith dy fod yn Gymro yn mynd yn dy erbyn di?

Na, ddim o gwbl. Tasen i jyst yn mynd am y rhannau Cymraeg yn unig, dim ond dyrnaid o rannau fyddwn i'n eu cael mewn blwyddyn. Dwi'n falch iawn o fy nghymreictod ac o'ng ngwreiddiau, ond mae gadael Cymru wedi gwneud i mi garu'r lle yn fwy. Rwyt ti'n mynd â darn o'r lle gyda ti i ble bynnag wyt ti'n mynd.

Oes cystadleuaeth rhyngoch chi yr actorion Cymraeg am rannau?

Wrth gwrs fod yna! Dwi ddim yn meddwl byddai Ioan neu Matthew eisiau i fi gael rhan cyn nhw, a dwi yn union yr un peth. Mae'n fusnes cystadleuol iawn. Andrew yw'r unig eithriad, ond mae hynny am ein bod yn ffrindiau mor agos.

Pa ddylanwadau sydd arnat ti fel actor?

Wel, fy hoff actorion yw De Niro, Pacino, Sean Penn a Nicholas Cage. Dwi hefyd yn ffan mawr o Bob Pugh ac Anthony Hopkins wrth gwrs. Yr hyn sy'n fy ysbrydoli i yw disgyblaeth – y meddwl sy'n mynd i mewn i'r gwaith, darganfod y gwahanol haenau sydd yn creu'r cymeriad.

Beth yw dy farn di am actio *method*?

Dwi'n meddwl fod hynny'n benderfyniad i'r unigolyn. Beth bynnag sy'n gweithio. Os oes eisiau aros ar dy draed trwy'r nos er mwyn portreadu rhywun sydd heb gael cwsg, digon teg; ond os wyt ti'n gallu actio'r peth ar ôl cael wyth awr o gwsg, wel, mae hynny'n grêt. Y peth pwysig yw cael cydbwysedd. Dwi'n mynd allan i wneud gwaith ymchwil os oes angen gwneud hynny. Mae'n rhaid adnabod y sgript yn dda, a'r unig ffordd o wneud hynny yw drwy ddarllen y sgript drosodd a throsodd.

Beth ydi dy hoff ffilm?

Fanny and Alexander.

Beth wyt ti'n gweld dy hun yn ei wneud yn y dyfodol?

Hoffwn i gyfarwyddo rhywbeth yn y theatr a gwneud tipyn o ysgrifennu hefyd. Byddai'n braf cydweithio gyda rhywun arall ar brosiect fy hunan.

jason hughes

jasonhughes

Gyrfa

"Gruffudd has... a combination of intense talent and sensuality that's pure star quality."
Shawna Malcolm,
Entertainment Weekly

PAN GWRDDAIS I Â IOAN, fe darodd e arna i yn ddirybudd. Roeddwn i wrthi'n cyfweld yr actor Matthew Rhys mewn caffi ynghanol Caerdydd pan wnaeth wyneb cyfarwydd edrych i mewn drwy'r ffenest arnon ni gyda chap pêl-fas ar ei ben, *incognito*. Pwy oedd yna ond Ioan Gruffudd. Wrth ei gofio fel Gareth Wyn, y bachgen bach gwylaidd yn *Pobol y Cwm* flynyddoedd yn ôl, daeth geiriau Fat Boy Slim i'm meddwl, *"You've come a long, long way, baby."*

Mae Ioan wedi creu persona arwrol, anturus a rhamantus iddo'i hun fel actor. Ef ynganodd eiriau mwyaf cofiadwy *Titanic* – *"Is there anybody out there?"* Rhaid cofio hefyd ei berfformiadau yn *Hornblower* (a enillodd wobr *Emmy* yn America), fel Pip naïf yn *Great Expectations*, fel y milwr yn *Warriors* a'r perchennog siop diniwed yn *102 Dalmatians*. Fe'i gwelir gan y cyfryngau a'r gynulleidfa fel prif gymeriad traddodiadol, ond camodd i ffwrdd oddi wrth y ddelwedd honno gyda'i ran mentrus yn *Love in the 21st Century*.

ioangruffudd

Un peth wnes i ei ddarganfod wrth ymchwilio i gefndir ac i hanes yr actorion sydd i'w gweld yn y gyfrol hon oedd mai Ioan Gruffudd yw'r actor sydd wedi derbyn y sylw mwyaf oddi wrth y wasg a'r cyfryngau yn gyffredinol. Y rheswm pennaf yw bod gyrfa Ioan hyd yma wedi canolbwyntio mwy ar deledu nag ar ffilm a theatr, a bod rhannau mewn dramâu epig a thraddodiadol fel *Hornblower* a *Great Expectations* wedi ei wneud yn enwog yn genedlaethol os nad yn rhyngwladol. Dechreuodd y cyfan pan gafodd ran Harold Lowe, Pumed Swyddog y Titanic yn y ffilm fyd-enwog *Titanic*, gan James Cameron, y ffilm fwyaf poblogaidd yn hanes sinema.

Ond pwy yn union yw Ioan Gruffudd? Ganwyd ef yn 1973 ac mae'n frodor o Gaerdydd, daw o gefndir confensiynol, dosbarth canol Cymreig. Mae ei fam a'i dad yn athrawon, fe'i addysgwyd yn ddwyieithog ac mae ei Gristnogaeth yn bwysig iawn iddo. Nid dyma nodweddion arferol eicon secsi y sgrîn. Ond dyna sy'n apelio am Ioan Gruffudd, fel y disgrifiwyd ef yn y *Wales on Sunday*: *"He's still honest, down-to-earth, totally… well, nice."*

Mae Ioan yn meddu ar bersonoliaeth ddiymhongar, yn nhraddodiad *matinee idols* fel yr Olivier ifanc a Cary Grant. Mae'n cael effaith eithaf meddwol arnoch chi, fel y disgrifiwyd ef gan rai o'i ffans ar y We – dyma Lisa o Ganada: *"To say that I am smitten with Mr Gruffudd would be a great understatement, I am infatuated! Obsessed! Awestruck!"* neu Marion o Vancouver, *"We should have more kissing scenes. The man has the best looking lips ever."*

Y cwestiwn yw a fydd Ioan yn gallu datblygu fel actor, neu a fydd e'n cael ei labelu fel yr arwr rhamantus, gyda'r rhannau sy'n fwy o sialens yn cael eu rhoi i actorion eraill. Nid yw hi'n gyd-ddigwyddiad fod ei enw wedi codi fel James Bond posib ar gyfer y dyfodol.

Gobeithio y gall cyfarwyddwyr weld yr ochr dywyll y gallai Ioan ei bortreadu ar y sgrîn, fel y gwnaeth Hitchcock gyda Cary Grant mewn clasuron fel *Suspicion* a *Notorious*. Byddai bod yn *pretty boy* yn wastraff ar y dimensiwn arall y gall ei bortreadu.

Mae un peth yn sicr, bydd Ioan Gruffudd yn seren fawr am flynyddoedd i ddod, dim ond gobeithio y bydd y cyfarwyddwyr castio yn defnyddio'u dychymyg wrth gynnig rhannau iddo.

Cyfweliad

Pam ddewisaist ti wneud *102 Dalmations*, ffilm i *Disney*? Wyt ti'n teimlo ei fod e wedi helpu dy *street cred*?

O'n i'n licio'r stori – rhywbeth i blant. Ac mae e'n beth braf gweithio i stiwdio enfawr fel Disney. A dwi wedi cael y cyfle i wneud pethau henaidd yn barod.

Wyt glei – yn enwedig *Love in the 21st Century* i Sianel 4. Roedd fy mam yn hollol *shocked* pan welodd hi ti'n borcyn ar y rhaglen yna!

Welodd fy mam i mohono fe – ond welodd 'y mrawd a'n chwaer i'r ddwy funud gyntaf ac roedd yn rhaid iddyn nhw adael yr ystafell!

O'n i'n siarad gyda Matthew Rhys am fod yn noeth gyda Kathleen Turner ar lwyfan; pa mor anodd weles di gwneud yr olygfa garu yn *Love in the 21st Century*?

O'dd e'n olreit i ddweud y gwir achos o'n i'n nabod Natasha Little yn barod.

Oeddet ti'n ei nabod hi'n well ar ôl hynny!

Wel, o'n wrth gwrs! Mae'n helpu gyda'r berthynas i adnabod yr actores, mae'n eich gwneud yn fwy cyffordus wrth actio. Mae'n ran o'r gwaith fel actor ac rwyt ti'n dod i arfer.

Mae yna ddadeni wedi digwydd i actorion Cymreig yn ddiweddar – beth wyt ti'n ei feddwl am yr heip a'r busnes *Cŵl Cymru*?

Dwi'n mynd yn bôrd pan mae nhw'n gofyn yr un cwestiynau. Dwi ddim yn deall newyddiadurwyr o'r un papur ond o wahanol adrannau sy'n gofyn am gyfweliadau ac yna'n gofyn yr un cwestiynau. Smo nhw'n siarad gyda'i gilydd neu beth?

Ond mae pobl yn edrych ar actorion fel eiconau. Rwyt ti wedi cael lot o sylw yn y papurau yn ddiweddar. Pam mae pobl yn gwneud hyn?

Mae natur fusneslyd gyda ni i gyd. Mae'r papurau fel y *Sun*, y *Mail* a *Hello* yn llwyddiannus iawn. Y sêr yw'r cyntaf i gwyno. Mae'n *double edged sword*. Dwi ddim mor enwog â Leonardo Di Caprio o bell ffordd, a dwi'n gallu cerdded o gwmpas heb gael fy haslo. Mae pobl eisiau gwybod gormod ac rwyt ti'n gallu colli dy *mystique*. Dwi wedi gwneud gormod o gyfweliadau ac mae pobl yn dal i ofyn yr un peth.

Fel y cwestiwn wyt ti'n mynd mas gyda Nicole Appelton, er enghraifft?

Ie, cwestiynau fel yna. Dyw e ddim o'u busnes nhw. Dwi'n deall bod y ffans eisiau gwybod a dwi yn ateb pob llythyr oddi wrth y ffans – wel, mae fy mam yn edrych ar ôl y ffanclyb! Mae pawb yn ffans yng Nghymru ar hyn o bryd – dwi'n mwynhau ond dwi'n aros i weld y *backlash*. Mae'n ran annatod o fod yn seren ym Mhrydain – yn America mae'n wahanol.

"Ioan's angelic demeanour contrasts so vividly with his wolfishly handsome, faintly dangerous appearance that I can't decide whether he reminds me of a bad choirboy who's been caught smoking in the vestry or a surprisingly virginal rock god."

Sarah Bailey, *Elle*

Solomon a Gaenor

Wnes di sôn am America, does dim dyheadau gennyt i fod yn seren enfawr yno fel dy hen ffrind, Leonardo Di Caprio?

Byddai dod yn seren enfawr fel Leonardo Di Caprio yn ormod. Roeddwn i'n aros mewn lobi gwesty yn LA yn fuan wedi i mi gael y rhan yn *102 Dalmatians* pan wnes i weld Leonardo. Fe wnaeth e ofyn i fi ddod mas gyda fe a'i ffrindiau y noson honno. Felly es i i'r clwb yma, ond doedd dim sôn am Leonardo yn unman. Ond yn sydyn dyma'r limo mawr yma'n dod o rywle a dyma Leo yn rhoi ei ben mas drwy'r ffenest ac yn gweiddi arna i i jwmpo mewn. Wedyn wnaethon ni yrru rownd y cefn a mynd i mewn trwy un o ffenestri'r gegin, o'dd e fel rhywbeth mas o *Goodfellas*. Roedd hi'n noson ddifyr iawn i weld fel mae sêr yn bihafio.

Er bod Leo yn gwneud yn siŵr fod ganddo fe ffrindiau o'i gwmpas, mae'n rhaid cael *bodyguards* hefyd. Rydych chi'n ymwybodol iawn o'r elfen ddiogelwch sy'n rhan o fywyd rhywun fel Leo, a'r ffaith fod pobl yn edrych arnoch chi o hyd.

Roedd y ddau ohonon ni'n eistedd gyda'n gilydd ac roedd torf o ferched yn syllu arno fe. Mae'n deimlad anghyfforddus iawn. Dwi ddim yn ffan o'r syrcas sydd ynghlwm gyda bod yn seleb, mae'n lot well gen i fod yn pleb. Dwi ddim yn hoffi'r partïon, er dwi'n deall eu bod nhw'n rhan o'r sîn.

"Mae actorion yn actio am eu bod nhw'n unig" – dyna beth ddywedodd Anthony Hopkins mewn cyfweliad. Wyt ti'n cytuno?

Dwi ddim yn meddwl 'mod i'n actio am fy mod i'n unig. Mae e'n llenwi rhyw fath o dwll – rwyt ti'n gallu byw mewn bydoedd eraill – actio fel plentyn, cael gwared o ddicter a'r elfen o ddangos dy hun sydd ym mhob perfformiwr. Mae'n rhaid fod elfen ynot ti sy'n mwynhau gweld pobl yn dy wylio'n perfformio.

"Gruffudd has an uncanny knack for embodying naivety. He always looks vaguely startled by whatever's going on around him. Combine this with a long face and concave cheekbones, and he has the look of a handsome stallion who just happens to have grown a shock of nice, curly hair. Gruffudd is a horse-boy of a performer, a centaur with a Method actor's blank stare."

Ken Tucker, *Entertainment Weekly*

ioan gruffudd

Rwyt ti wedi gwneud llawer o waith ar gyfer ffilm a theledu hyd yn hyn yn dy yrfa. Ydi'r theatr yn apelio atat ti hefyd?

Dwi heb gael lot o gyfle i wneud llawer yn y theatr. Mae cytundeb *Hornblower* wedi'n rhwymo i. Ge's i ddau gynnig theatr ar gyfer yr haf – un ohonyn nhw oedd chwarae rhan Konstantin yn yr RSC, ond yn anffodus o'n i ddim ar gael i'w gwneud nhw. Dwi ddim eisiau mynd i wneud unrhyw beth – dwi wedi bod yn lwcus 'mod i wedi gallu dewis beth dwi eisiau gwneud. Mae'n sefyllfa hyfryd i actor i fod ynddi.

Wyt ti'n cael dy ystyried fel actor o Gymru yn benodol?

Erbyn hyn maen nhw'n fy ngweld i fel actor sy'n digwydd bod yn Gymro.

Oes cystadleuaeth rhyngoch chi'r actorion Cymraeg am rannau?

Mae Matthew a fi byth a hefyd yn trio am yr un rhannau, yn ddiweddar er enghraifft oedden ni'n dau yn trio am yr un rhan – a Matthew gafodd e. Y'n ni'r un oedran a'r un teip.

Beth ydi dy hoff ffilm?

The Magnificent Seven

Os byddai rhywun yn gwneud ffilm am dy fywyd di, pwy fyddet ti'n ei ddewis i dy bortreadu di?

Gan fod Matthew yn fy adnabod i gystal fe fyddai'n gwneud cyfiawnhad â'r rhan!

Sut wyt ti'n gweld dy ddyfodol – ai'r *103 Dalmatians* fydd hi nesa?

Mae'r peth Hollywood 'ma allan o ngafael i. Bydden i'n dwli gweithio yna a dwi wedi cael sbort mas yna. Ond dyw e ddim yn fywyd real iawn. Mae'r nofelti'n diflannu yn fuan iawn. Ond o ran gwaith fydden i'n dwli gweithio yna.

Beth ydi dy hoff linell mewn ffilm?

Lee Strasberg yn *The Godfather* yn dweud *"small potatoes"* – mae'r ffordd mae'n ei ddweud e'n grêt!

Oes dal diddordeb gennyt ti mewn gwneud ffilmiau yng Nghymru?

Wrth gwrs fod gen i ddiddordeb os ydi'r rhan yn dda. Er enghraifft, fe wnes i a Matthew ffilm yng Nghymru dro yn ôl, *Very Annie Mary* a gyfarwyddwyd gan Sara Sugarman. Ysgrifennodd Sara y sgript ac enillodd wobr yng Ngŵyl Ffilm Sundance. Stori yw hi am y fenyw yma sy'n cael ei phortreadu gan Rachel Griffiths, sy'n byw mewn pentref Cymreig gwallgof. Mae hi'n rhoi gwersi canu i'r ddau berchennog siop camp iawn yma sy'n gyn-gariadon. Gawson ni sbort yn canu caneuon sioeau fel 'Annie Get Your Gun' a chawson ni bythefnos adre dros yr haf.

Dwi dal eisiau gweithio yng Nghymru. Dyw pobl ddim yn gofyn i ni wneud pethau achos ma nhw'n meddwl na fydden ni'n eu gwneud nhw. Ond petai nhw'n rhoi'r dewis i ni efallai y bydden ni'n derbyn. Y'n ni mewn sefyllfa lwcus iawn i ddewis. Ond heb fod yn hunan-bwysig am y peth – y'n ni jyst yn lwcus.

Gyrfa

FFILM

102 Dalmatians (2000) Disney
Shooters (2000) Cool Beans Films
Another Life (2000) Boxer Films
Very Annie Mary (2000) Dragon Pictures
Solomon a Gaenor (1999)
  Nomineiddiwyd am *Oscar* am y
  Ffilm Estron Orau, 2000
Titanic (1998) 20th Century Fox.
Wilde (1996) Samuelson Productions.

TELEDU

Hornblower II ITV
Warriors BBC
Love in the 21st Century Red/Channel 4
Great Expectations BBC
Hornblower I ITV
Poldark HTV
Double Exposure – A Relative Stranger BBC
William Jones S4C
Pobol y Cwm S4C
Austin S4C

The Decameron - Gate Theatre
Untitled Nick Ward play – Royal National Studio

ioangruffudd

taff pac

matthew**rhys**

rhys**ifans**

michael**sheen**

daniel**evans**

ifan**meredith**

andrew**howard**

jonathan**pryce**

jason**hughes**

ioan**gruffudd**

Yn cyfweld yr actorion mae Joanna Davies, sy'n enedigol o Gorslas, Sir Gaerfyrddin. Ar hyn o bryd mae'n gweithio fel Swyddog Cyhoeddusrwydd i *Nuts and Bolts*, opera sebon HTV. Astudiodd Ffilm a Theledu ym Mhrifysgol Cymru, Aberystwyth. Mae wedi ysgrifennu dwy ddrama ddogfen ar gyfer S4C ac mae'n cyfrannu'n gyson i *Golwg* a *Barn*.

Beth yw uchelgais Ioan Gruffudd?

Sut brofiad oedd actio'n noeth i Matthew Rhys?

Sut lwyddodd Rhys Ifans i gyrraedd y top?

Dyma rai yn unig o'r ffeithiau difyr y dewch ar eu traws yn y gyfrol fywiog hon o gyfweliadau gyda sêr mwyaf Cymru.

Mae'r gyfrol yn llawn lluniau lliw, manylion personol a straeon di-rif am y 'Taff Pac' – yr actorion byd-enwog, hynod dalentog, sy'n Gymry balch ac sy'n arwyr i filoedd.

£4.95

ISBN 0-86243-532-3
9 780862 435325 >